So sind sie, die

Finnen

Tarja Moles

W0040510

Die Fremdenversteher

Impressum

Tarja Moles
So sind sie, die Finnen

erschienen im
Reise Know-How Verlag Peter Rump GmbH
Osnabrücker Str. 79, 33649 Bielefeld

© der deutschsprachigen Ausgabe Reise Know-How Verlag Peter Rump GmbH 2019
1. Auflage 2019

Titel der englischen Originalausgabe:
Xenophobe's® guide to The Finns
© Xenophobe's® Guides Ltd.

Übersetzung: TRAVOD International Ltd., London

Gestaltung
   Umschlag: Franziska Feldmann
   Inhalt: Günter Pawlak, FaktorZwo (Layout), der Verlag (Realisierung)
   Zeichnungen: Gunda Urban und Franziska Feldmann

Redaktion: Thorsten Altheide
Redaktionelle Mitarbeit: Anna Hildebrandt

Druck und Bindung:
   mediaprint solutions GmbH, Paderborn

Printed in Germany

ISBN 978-3-8317-2885-5
ISBN epub 978-3-8317-5062-7
ISBN mobi 978-3-8317-5063-4

Dieses Buch ist erhältlich in jeder Buchhandlung Deutschlands, der Schweiz und Österreichs:
Bitte informieren Sie Ihren Buchhändler über folgende Bezugsadressen:
Deutschland
Prolit GmbH, Postfach 9, D-35461 Fernwald (Annerod) sowie alle Barsortimente
Schweiz
AVA Verlagsauslieferung AG, Centralweg 16, CH-8910 Affoltern am Albis
Österreich
Mohr Morawa Buchvertrieb GmbH, Sulzengasse 2, A-1230 Wien

Wer im Buchhandel trotzdem kein Glück hat, bekommt unsere Bücher auch über:
www.reise-know-how.de

Inhalt

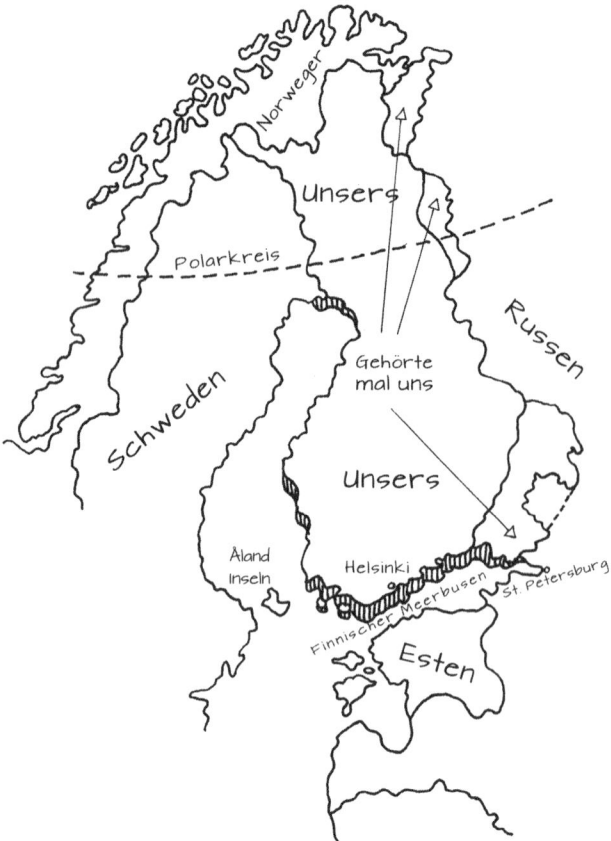

5,5 Millionen Finnen leben eingequetscht zwischen 10 Millionen Schweden und 142 Millionen Russen. Die Finnen haben 77 Milliarden Bäume, 187.888 Seen, 264.000 Elche und einen Weihnachtsmann (von dem sie behaupten, er sei der echte ...).

Die Fläche, auf der sie zu Hause sind, ist fast so groß wie Deutschland, und sie wächst aufgrund der postglazialen Landhebung jedes Jahr um etwa die Größe von Gibraltar.

Nationalismus & Identität

Eine kleine Warnung vorab

Die Finnen sind ein wenig anders als die durchschnittliche westliche Nation. Ungewöhnlich, könnte man vielleicht sagen. Im Gegensatz zu den meisten Europäern sprechen sie keine indoeuropäische Sprache. Tatsächlich kommunizieren sie auch kaum in ihrer eigenen finno-ugrischen Sprache und ziehen es vor, kein Wort zu verschwenden. Sie sind mutige, ehrliche, fleißige, zuverlässige, sozial verantwortliche, boden-ständige Menschen, die die Privatsphäre anderer so sehr res-pektieren, dass sie es sogar vermeiden, ihnen in die Augen zu sehen. Sie teilen ihre Abneigung gegen das Jammern mit den Australiern, allerdings nicht deren Lockerheit gegenüber Fremden. Sie beneiden die Be-wohner des Mittelmeerraums um ihr Klima, machen sich je-doch nichts aus deren extrava-

》》Die Finnen sind davon überzeugt, dass es kein besseres Land als Finnland gibt.

ganter Emotionalität. Ein Finne kann außer sich vor Wut oder ekstatisch glücklich sein, ohne seinen Gesichtsausdruck oder seinen Tonfall zu verändern. Mit seinen Händen fuchtelt er höchstens, wenn er ertrinkt.

Nationalstolz

Die Finnen sind davon überzeugt, dass es kein besseres Land als Finnland gibt, welches sie *Suomi* nennen. Sie preisen die Schönheit ihrer unzähligen Seen und dichten Wälder, der Hügel im Osten, der Flüsse, die sich durch das Weideland im

Westen schlängeln, und der Tundra im Norden, in Lappland. Sie sind der Meinung, dass Finnland von allen Orten auf dem Planeten der sicherste zum Leben ist: Es gibt keine Vulkane, Tsunamis, Hurrikane, Erdbeben oder tödlichen Spinnen. Die Tatsache, dass die Temperaturen im Winter manchmal unter -40° C fallen und man an Unterkühlung sterben könnte, wenn man sich nicht angemessen kleidet, betrachtet man lediglich als kleine Unannehmlichkeit. Und die Möglichkeit, in der Wildnis von einem Bären zerfleischt zu werden, ist natürlich auch kaum erwähnenswert.

Manche Finnen sind der Ansicht, dass auch andere Landstriche zu Finnland gehören sollten, wie beispielsweise der Teil Kareliens, der nach dem Zweiten Weltkrieg durch die Russen vom Rest Finnlands abgeschnitten wurde (und der das „Karelien" in der Karelien-Frage der finnischen Politik ist (finn. Karjala-kysymys)). Andere lassen schlafende Hunde – oder genauer gesagt, den russischen Bären – lieber weiter in Ruhe.

》》Die finnische Flagge mit dem blauen Kreuz auf weißem Grund steht für Freiheit.

Der Slogan „Schweden sind wir nicht; Russen wollen wir nicht werden; lasst uns also Finnen sein" wurde im 19. Jahrhundert geprägt und spiegelt immer noch den Stolz der Finnen auf ihre nationale Identität und die Abgrenzung von ihren größenwahnsinnigen Nachbarn wider.

Die finnische Flagge mit dem blauen Kreuz auf weißem Grund steht für Freiheit; das Blau verkörpert den Himmel und die Seen, das Weiß symbolisiert Wolken und Schnee. Sie wird stolz auf Fahnenmasten im ganzen Land gehisst, um zahlreiche offizielle Flaggentage, Wahltage und private Feierlichkeiten zu würdigen. Sie wird auch deutlich auf die Verpackungen der in Finnland hergestellten Produkte gedruckt. So wissen die Einheimischen sofort, welche Tomaten und Gurken aus heimischer Produktion stammen – dies passiert weniger um zu zeigen, dass unnötige Transportwege vermieden wurden, sondern als Hinweis auf den überlegenen Standard finnischer Produkte.

Wenn es einmal nicht praktikabel ist, die Flagge zu hissen, findet sich trotzdem immer ein Weg, die Landesfarben zu zeigen. Die Finnen verbindet eine kollektive Faszination für die Farbe Blau. Man kann jeden Finnen fragen, was seine Lieblingsfarbe ist, und er wird ohne einen Moment zu zögern Blau

>> **Die Finnen verbindet eine kollektive Faszination für die Farbe Blau.**

nennen. Eigentlich braucht man jedoch nicht einmal zu fragen, weil die Beweislage eindeutig ist. Wenn man sich umschaut, stellt man fest, dass praktisch alle blaue Kleidung tragen. Zugegeben, im Winter trägt man ab und zu auch Schwarz und Grau, aber das ist nur ein Versuch, der ansonsten alles durchdringenden Bläue ein wenig Abwechslung zu verleihen.

Wie sie andere sehen

Die Finnen sind Teil der glücklichen nordischen Familie, weshalb auch die meisten finnischen Auswanderer direkt nebenan in Schweden zu finden sind. Außerdem bezeugen sie ihre Zugehörigkeit, indem sie beim Eurovision Song Contest loyal für ihre Geschwister stimmen, auch wenn die Schweden sich nicht immer revanchieren.

Alle Familienmitglieder sind sich einig, dass die Schweden so tun, als wären sie allen anderen überlegen. Die Finnen wissen jedoch bereits seit Jahrhunderten, dass es den Schweden an Mut mangelt. Nachdem die Schweden Finnland im Mittelalter erobert hatten, benutzten sie in ihren militärischen Konflikten mit Russland finnische Bauern als Kanonenfutter. In den Napoleonischen Kriegen, genauer im Jahr 1809, führten schwerwiegende Fehler der Schweden außerdem dazu, dass Finnland an die Russen abgetreten wurde. Mangelnde militärische Fähigkeiten ließen die Schweden schließlich ihren Traum von der nordischen Vorherrschaft aufgeben und stattdessen eine kleinmütige Neutralität einnehmen. Daher stammen die Witze:

>> **Alle Mitglieder der nordischen Familie sind sich einig, dass die Schweden so tun, als wären sie allen anderen überlegen.**

„Was ist das dünnste Buch der Welt?"
    – „Schwedische Kriegshelden."

„Wie sieht die schwedische Kriegsflagge aus?"
    – „Weißes Kreuz auf weißem Grund."

Im Grunde genommen sind die Finnen der Meinung, dass es den Schweden an Rückgrat mangelt: Sie sind zu weich, verbringen ihre Zeit mit Reden und Verhandeln und stellen immer sicher, dass jeder die Möglichkeit hat, seine Meinung zu äußern, statt dass sie Dinge einfach erledigen. In ihren

Augen ist die Mehrheit der schwedischen Männer schwul. Die übrigen sind schüchtern, schweigsam, verlässlich und bereit, den Kinderwagen zu schieben. Also ist klar: Sie haben keine Eier. Nun ist es allerdings so, dass auch finnische Männer schüchtern und schweigsam sind und bereit, den Kinderwagen zu schieben. Aber sie sind echte Männer – nur eben modern.

Andere Westler, die für die Finnen wirklich zählen, sind die Engländer und die Amerikaner. Die gehobenen Schichten der englischen Gesellschaft mit ihrer Höflichkeit und ihrer *stiff upper lip* repräsentieren eine Art von Kultur, die viele Finnen schätzen. Und da es in Helsinki noch nie wichtige Fußballländerspiele gegeben hat, haben die Finnen immer noch die Illusion, dass es sich bei den

>> **Die finnische Jugendkultur ist stark amerikanisiert.**

meisten Engländern um Ladies und Gentlemen handelt, die Fünf-Uhr-Tee trinken und in rosenbewachsenen Landhäuschen oder Herrenhäusern in Surrey residieren.

Die finnische Jugendkultur ist stark amerikanisiert. Abgesehen von amerikanischen Touristen in der Hauptstadt sehen die Finnen jedoch selten lebende Exemplare dieser Gattung, obwohl mitunter die Urenkel der finnischen Siedler aus der Wildnis der nördlichen USA nach Finnland kommen, um ihre Wurzeln zu erkunden.

Im Gegensatz dazu sieht man Russen sehr häufig. Die Finnen verabscheuen ihren brutalen östlichen Nachbarn, der sie mehr als ein Jahrhundert lang schikanierte, bevor er ihnen 1917 die Unabhängigkeit zugestand. Ein finnischer Autor stellte einmal fest, dass das grundlegende Problem mit Russland seine Lage sei. Die Finnen wären froh, wenn andere die Russen als Nachbarn hätten. Die Schweden wären da beispielsweise ideale Kandidaten. Gemessen an den verschiedenen Versuchen, dies zu erreichen, scheint Moskau genau der gleichen Meinung gewesen zu sein.

Die Finnen sind davon überzeugt, dass Russland immer noch ein Auge auf ihr Land geworfen hat und jederzeit angreifen könnte – wie im Zweiten Weltkrieg, als es Teile Finnlands annektierte. Moskau weiß allerdings, dass die Finnen keine Schwächlinge sind. Von allen Ländern, die Stalin erobern wollte, war Finnland das einzige, das sich mit Händen und Füßen wehrte, den russischen Truppen großen Schaden zufügte (Molotow-Cocktails wurden von den Finnen entwickelt!) und letztendlich seine Unabhängigkeit behielt. Heutzutage scheinen die Russen einen raffinierteren Plan zur Übernahme des Landes entwickelt zu haben: Ihre Neureichen haben begonnen, das Land Stück für Stück aufzukaufen, angeblich um es als Urlaubsort zu nutzen.

> **Die Finnen wären froh, wenn andere die Russen als Nachbarn hätten.**

Russische Lastwagen und importierte Autos wälzen sich über finnische Straßen, da finnische Häfen genutzt werden, um Waren aus Westeuropa zu beziehen. Man erkennt genau, wann ein Autotransporter angelegt hat. Glänzend schwarze Mercedes, alle mit getönten Scheiben, bilden lange Konvois durch Südfinnland und steuern mit halsbrecherischer Geschwindigkeit auf die Ostgrenze zu. Die Anwesenheit der

Russen auf den Straßen hat auch eine neue Form des altbekannten russischen Roulettes hervorgebracht: Man braucht keine Waffe mehr zu besitzen, um mit einer Chance von eins zu sechs getötet zu werden.

Die Finnen sind in sprachlicher Hinsicht mit den Esten verwandt. Man empfindet ein brüderliches Gefühl ihnen gegenüber, wobei die Finnen in diesem Fall der überlegene große Bruder sind. Estland ist das einzige Land, in dem die Finnen in ihrer Muttersprache verstanden werden (jedenfalls wenn sie Glück haben). Nimmt man noch die niedrigeren Preise in Estland hinzu, wird klar, warum das Land wie ein großer Vergnügungspark für finnische Shopaholics, Schönheitschirurgie-Touristen und Rentner im Wellnessurlaub ist. Vor allem jedoch hilft die Nähe zu Estland dabei, Finnland besser dastehen zu lassen: Durch die Schnapskreuzfahrten nach Tallinn werden die offiziellen Zahlen zum Alkoholkonsum gesenkt und die Finnen erscheinen nüchterner, als sie es tatsächlich sind.

>> **Die Finnen empfinden den Esten gegenüber ein brüderliches Gefühl, wobei die Finnen in diesem Fall der überlegene große Bruder sind.**

Wie andere sie sehen

Gar nicht. Naja, abgesehen von den Esten, die eine beträchtliche Anzahl von Finnen von den Ostseefähren taumeln sehen – nicht etwa, weil sie seekrank wären, sondern weil sie bereits damit begonnen haben, das Angebot der schwimmenden, steuerfreien Spirituosenläden zu verkosten. An Land leeren sie schnell die örtlichen Bier- und Spirituosengeschäfte und halten nur kurz inne, um die nahe gelegenen Pubs trocken zu trinken. Dann kehren sie auf Händen und Knien zu den Fähren zurück und ziehen eigens dafür entworfene Alkohol-Einkaufstrolleys hinter sich her. Es ist daher unschwer zu verstehen, warum sich die Finnen angesichts ihres riesigen Körperbaus und ihrer betrunkenen Eleganz den estnischen Spitznamen „Elch" verdient haben.

Für die Schweden sind die Finnen einfach unergründlich und rätselhaft.

Abgesehen davon scheint die Nation so gut wie nicht auf dem Radar des Planeten aufzutauchen. In den Weltmedien finden sich gelegentlich Erwähnungen über den Wohlfahrtsstaat Finnland, den hohen Lebensstandard, die Bildung und

>> **Für die Schweden sind die Finnen einfach unergründlich und rätselhaft.**

die Erfolge im Motorsport, die jedoch bald wieder aus dem kollektiven internationalen Bewusstsein ausgeblendet werden. Der weltberühmte finnische Handy-Riese Nokia wurde von den meisten Menschen lange für ein japanisches Unternehmen gehalten und auch die finnische Herkunft des Computerspieleentwicklers, der die Angry-Birds-Spiele erfunden hat, wird meist eher übersehen. Die Menschen sind einfach zu sehr damit beschäftigt, Vögel auf grüne Schweine zu schießen (die die Gegner der Angry Birds sind).

Vage Vorstellungen über Saunas, Schnee und blonde Frauen bleiben jedoch hartnäckig bestehen. Die übrigen Informationen werden häufig durcheinandergebracht. Daher tut jeder Finne so, als sei er beim finnischen Tourismusverband angestellt und rückt unermüdlich einige Fakten zurecht, besonders folgende:

1. Die Finnen sind nicht wie die Schweden. Sie sind besser als die Schweden.

2. Der Weihnachtsmann kommt aus Finnland. Punkt.

Wie sie sich selbst sehen

Trotz ihrer geringen Zahl verstehen sich die Finnen als eine Nation, die eine große Bandbreite unterschiedlichster Stämme umfasst, von denen jeder seinen eigenen Dialekt, seine eigene lokale Kultur und eigene Charakterzüge hat. Die sprachlichen Unterschiede zwischen den Regionen sind so groß, dass die Finnen sich immer wieder untereinander nicht verstehen.

Die Tavasten in Mittelfinnland gelten als durch und durch finnisch. Sie sind eine Art „Salz der Erde", zurückhaltend, stur, hartnäckig, vertrauenswürdig, ernsthaft, pragmatisch und stark. Ihre Ausdrucksweise ist lakonisch und es dauert sehr lange, bis sie ein Wort herausbekommen. Auch nehmen sie Veränderungen nur langsam an und handeln zögerlich. Eigentlich sind sie also in jeder Hinsicht einfach langsam.

Die Ostbottnier im Westen sind die weltgrößten Angeber. Jahrhundertelang waren sie bekannt für ihre Kraft, ihr explosives Temperament und ihre Neigung, Meinungsverschiedenheiten mit einem *Puukko,*

>> **Die Ostbottnier im Westen sind die weltgrößten Angeber.**

einem Jagdmesser, beizulegen. Wenn es keinen Puukko-Kampf und nicht mindestens einen Toten auf einer Hochzeitsfeier gab, lohnte es sich nicht, sich dafür schick anzuziehen. Dank der Ostbottnier gehören die finnischen Chirurgen zu den weltbesten in der Gefäßrekonstruktion.

Die Karelier im Südosten sind die lebhaftesten Finnen. Sie sind gesprächig, freundlich, spontan und musikalisch. Ihr Dialekt wird von anderen Finnen oft verspottet, weil er klingt, als seien sie schwachsinnig. Sie lieben gutes Essen und haben das beste kulinarische Repertoire des Landes. Der einzig mögliche Todesfall bei einer karelischen Hochzeit käme daher, dass jemand bei dem Versuch, gleichzeitig zu essen, zu lachen, zu reden und zu singen, an einem Stück geräucherten Fisch erstickt.

Die Bewohner von Savo im Osten gelten als redegewandt und -freudig. Sie sind frech, witzig und auf lockere Art und Weise verspielt. Sie benutzen häufig Sprichwörter, Rätsel, Euphemismen und Umschreibungen. Da es unmöglich ist, von ihnen eine direkte Antwort auf eine Frage zu erhalten, ist der Zuhörer selbst für die Deutung verantwortlich. Außer für die Menschen aus Savo ist das eher keine Win-Win-Situation.

Finlandssvenskar – wie sich die finnischen Schweden selbst nennen – sind eine schwedischsprachige Minderheit, die rund 5 % der Bevölkerung ausmacht. Sie bewohnen die Küstengebiete und den Archipel im Südwesten, wo sie segeln, im Mannschaftshandball antreten, in dörflichen Fidelgruppen Volksmusik spielen und im Mittsommer um den Maibaum tanzen. Von allen Finnen sind sie die geselligsten und am stärksten gemeinschaftsorientierten. Heiratet man einen von ihnen, ist es, als ob man einen finnischen Eishockeyspieler heiratet: Man teilt sein Leben nicht nur mit dem Ehepartner, sondern auch mit dem Rest der Mannschaft.

》 Die Bewohner Lapplands im hohen Norden sind bekannt für ihren übermäßigen Appetit auf Rentierfleisch, Alkohol und Sex.

Und dann sind da noch die Bewohner Lapplands im hohen Norden. Sie sind bekannt für ihren übermäßigen Appetit auf Rentierfleisch, Alkohol und Sex. Bedenkt man die Umgebung, in der sie leben – die Polarnacht, die mehrere Monate dauert –, kann man es ihnen eigentlich schwerlich verübeln. Oder womit sollte man sich sonst beschäftigen, wenn man genug hat vom Angucken der Nordlichter?

Obsessionen

Nabelschau

Die Finnen sind sehr selbstkritisch und verbringen viel Zeit mit der Selbstbetrachtung, sowohl als Einzelne wie auch als Nation. Sie sind allesamt besessen davon, wie andere sie sehen und bemühen sich ständig, das *Suomi-kuva*, das „finnische Image" zu polieren. Sport, Wirtschaft, Technologie, Friedensverhandlungen, Wissenschaft, Bildung, Design, Sicherheit – im Grunde alles, was ihr Land in einem positiven Licht erscheinen lässt – wird gefördert. Jeder ausländische Artikel, jede Nachrichtensendung und jeder YouTube-Clip wird genau unter die Lupe genommen, um zu sehen, was man dort über Finnland sagt. Meistens ist das nicht viel. Aber wenn es doch einmal etwas gibt, verbringen die finnischen Medien mehr Zeit damit, den ausländischen Bericht ausgiebig zu behandeln, als mit den eigentlichen Nachrichten.

>> **Die Finnen sind allesamt besessen davon, wie andere sie sehen.**

Die folgende Anekdote bringt ihre Besessenheit auf den Punkt:

Ein Franzose, ein Deutscher und ein Finne sind in Afrika und treffen auf einen Elefanten. Der Franzose schaut sich das Tier an und beginnt sofort, sich die verschiedenen Leckerbissen auszumalen, die er daraus kochen könnte. Der Deutsche überlegt, welches Potenzial dieses Tier als Transportmittel in der Savanne hätte und wie es im Vergleich zu seinem Jeep abschneiden würde. Der erste Gedanke des Finnen ist: „Was denkt der Elefant wohl über mich?"

Die Finnen würden gerne von anderen Nationen wahrgenommen werden. Sie sind immer wieder erstaunt, dass die Amerikaner nicht wissen, wo ihr Land liegt, geschweige denn den Namen der Hauptstadt kennen. Zugegebenermaßen gibt es auch Situationen, in denen es vielleicht gar nicht so schlimm ist, im Hintergrund zu bleiben: Jedes Mal, wenn die Russen Finnland ins Visier genommen haben, bedeutete das nichts als Ärger.

Die Schweden überbieten

Die Finnen und die Schweden teilen die gleichen Werte und leben freundschaftlich nebeneinander. Jedenfalls so lange, bis sie anfangen, miteinander zu konkurrieren. Dabei spielt es keine Rolle, ob es um die herausragende Leistung ihrer jeweiligen Wohlfahrtsgesellschaften, die Überlegenheit ihrer Mobilfunktechnologie oder internationale Rankings im Speiseeiskonsum geht: Die Finnen wollen die Schweden schlagen, wo immer es geht. Der Konkurrenzkampf zwischen den beiden Nationen zeigt sich besonders stark im sportlichen Bereich. Jeden Sommer treffen sie sich im Rahmen des *Finnkampen*, dem einzigen alljährlichen, bilateralen Sportereignis der Welt. Obwohl in diesen Wettbewerben bisher nur wenige Weltrekorde aufgestellt wurden, sind sie äußerst prestigeträchtig und intensiv, sodass

》 Die Finnen wollen die Schweden schlagen, wo immer es geht.

es für Athleten nicht ungewöhnlich ist, eine Prügelei anzuzetteln, um den Läufer auf der benachbarten Bahn daran zu hindern, als Erster ins Ziel zu kommen.

Aber auch in internationalen Wettbewerben messen sich die Finnen mit den Schweden. Gewinnen ist natürlich toll, aber die Schweden zu besiegen ist noch viel besser. Die Finnen werden nicht müde, über ihre Siege bei den Eishockey-Weltmeisterschaften 1995 und 2011 zu jubeln, die besonders süß waren, weil sie Schweden auf den zweiten Platz verdrängt hatten. Es handelte sich dabei um so wichtige Ereignisse, dass die Nation ihre Zurückgezogenheit überwand und sich in den Innenstädten riesige Menschenmengen bildeten, um diese Doppelerfolge zu feiern. Die Tatsache, dass die Schweden den Finnen bei den Olympischen Winterspielen 2006 das Gleiche antaten, wurde nicht so gut aufgenommen. Zumal die Schweden dem Ganzen die Krone aufsetzten, indem sie vorschlugen, die Finnen sollten doch aus Dosenananas-Scheiben und Lakritzschnüren Goldmedaillen für sich selbst basteln.

» **Das Leben der Finnen dreht sich um die Sauna.**

Die Sauna

Das Leben der Finnen dreht sich um die Sauna (eine alte finnische Bezeichnung für ein Dampfbad/-haus). Mehr als 1500 Jahre lang war es der Ort für Geburten, Bäder und Bestattungsvorbereitungen. Immer wenn die Finnen neue Häuser bauten, wurde als erstes eine Sauna errichtet. So wurde sichergestellt, dass die Menschen sich warmhalten konnten und nicht an Unterkühlung starben. Die heutigen finnischen UN-Friedenstruppen setzen diese Praxis fort, indem sie es sich zur obersten Priorität gemacht haben, Saunas zu errichten, egal wo auf der Welt sie stationiert sind. Einschließlich Äquatorialafrika.

Es gibt mehr als zwei Millionen Saunas in Finnland. Das bedeutet bei einer Nation mit 5,5 Millionen Einwohnern, dass zu jedem beliebigen Zeitpunkt die gesamte Bevölkerung in der Sauna sitzen könnte – was sie mindestens einmal pro Woche am Samstagabend tatsächlich auch tut (*saunapäivä*, „Saunatag"), manchmal sogar jeden Abend.

Es gibt einerseits private Saunas in Häusern, Wohnungen und Sommerhäusern. Es gibt aber auch öffentliche Saunas in Schwimmbädern, Sportvereinen und in Geschäftsgebäuden. Sogar das Parlamentsgebäude hat seine eigene Sauna. Wo sonst würde man schließlich die wichtigsten Entscheidungen für das Land treffen, wenn nicht splitterfasernackt mit den Kollegen in der Sauna? Egalitärer geht der demokratische Prozess kaum.

》》 Sogar das Parlamentsgebäude hat seine eigene Sauna.

Tatsächlich verkörpert die Sauna den Begriff der Gleichheit. Alle sind gleich, wenn alle ausgezogen sind und man bei extremer Hitze gemeinsam schwitzt, so wie es die Natur vorgesehen hat – zumindest glauben die Finnen das. Sie sind auch der Ansicht, dass ein Saunabad eine beruhigende Wirkung hat. Die Sauna ist nicht nur ein Ort, an dem man seinen Körper wäscht, sondern auch ein Ort, an dem man seinen Verstand reinigen und den Geist erfrischen kann.

Im Sommer sitzen die Finnen in der Sauna und schlagen sich mit Bündeln frischer, belaubter Birkenzweige, um die Haut zu beleben. Sie hören damit erst auf, wenn an dem Bündel kein Blatt mehr übrig ist. Da nur echte Saunaliebhaber das ganze Jahr über Birkenbündel benutzen – im Hochsommer entfernen sie die Zweige von den Birken und füllen damit ihre Gefrierschränke, um sie in den übrigen Jahreszeiten zu verwenden –, verlassen sich die meisten Finnen auf ihren Körper, der ihnen den richtigen Zeitpunkt zum Aufhören signalisiert: Der ist kurz vor dem Herzstillstand.

>> **Finnen funktionieren nicht richtig, wenn sie nicht regelmäßig in die Sauna gehen können.**

Abgerundet wird das Erlebnis durch einen Sprung in einen See zur Abkühlung, im Winter durch das Abtauchen in ein Loch im Eis oder das anschließende Herumrollen im Schnee.

Es ist tatsächlich so, dass die Finnen nicht richtig funktionieren, wenn sie nicht regelmäßig in die Sauna gehen können.

Sogar in außergewöhnlichen Situationen, wie z.B. während des Zweiten Weltkriegs, war es wichtig, dass dafür genügend Zeit zur Verfügung stand – die Ruhezeit der Soldaten wurde nach der Zeit bemessen, die man für den Bau, das Anheizen und Baden in einer Sauna benötigte (8 Stunden).

Steht über einen längeren Zeitraum kein Zugang zu einer Sauna zur Verfügung, kann dies schwere Entzugserscheinungen zur Folge haben. Dies kann man am deutlichsten am Gepäckband des Flughafens Helsinki beobachten. Finnen, die aus dem Ausland in ihre Heimat zurückkehren, versuchen hektisch, ihre Familien anzurufen. Anstatt „Hallo, mein Schatz, ich hab dich vermisst" zu sagen, platzen sie mit verzweifelter Stimme heraus: „Heiz die Sauna an, ich bin gleich zu Hause!"

Die Finnen begreifen nicht, warum viele Ausländer die entspannende Wirkung der Sauna nicht in vollem Umfang zu schätzen wissen, sondern diese Praxis stattdessen als Beweis für den Masochismus der Finnen ansehen. Die ahnungslosen Ausländer, die sich der Saunaerfahrung einmal selbst unterzogen haben, neigen dazu, die stresslösenden Eigenschaften der Sauna darauf zurückzuführen, dass es schlicht unmöglich ist, an die eigenen Sorgen zu denken, während der Körper der Geißelung und extremen Temperaturschwankungen ausgesetzt ist. Die eigentliche Entspannung entsteht jedoch, wenn man es schlussendlich lebend aus dem Treibhaus geschafft hat.

>> **Die Finnen begreifen nicht, warum viele Ausländer die entspannende Wirkung der Sauna nicht in vollem Umfang zu schätzen wissen.**

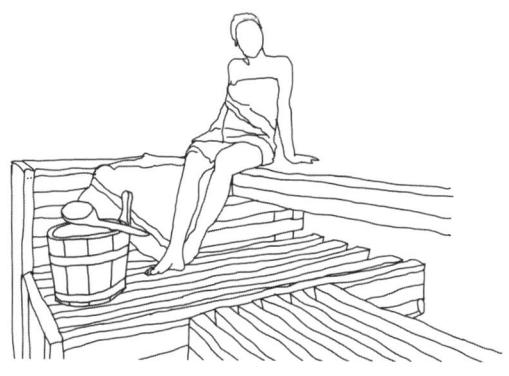

Charakter

Sisu

Sisu verkörpert die finnische Seele. Das Wort ist gar nicht so unübersetzbar, wie es die Finnen gerne hätten – es ist nur schön, etwas vorweisen zu können, das sonst niemand hat. Es bezeichnet wohl eine Mischung aus Ausdauer, Hartnäckigkeit, Beharrlichkeit, Sturheit, was auch immer, aber es bedeutet in erster Linie, dass die Finnen nicht gleich an der ersten Hürde aufgeben. Es ist *sisu*, das die Finnen auf dem Eis umherstapfen lässt, um bei -20° C Fisch zu fangen, obwohl sie einfach in den Supermarkt gehen könnten. Es ist *sisu*, das sie dazu bringt, tagelang wilde Blaubeeren in einem Wald zu pflücken, ohne dabei auch nur mit der Wimper zu zucken, wenn Wolken von Mücken sich an ihnen satt essen. Ausländer – meist aus Fernost oder Studenten aus dem ehemaligen Ostblock – setzen sich dem nur aus, wenn sie von den Betrieben, denen sie ihre Beute verkaufen, mit Geld geködert werden.

> **➤➤ Sisu bedeutet in erster Linie, dass die Finnen nicht gleich an der ersten Hürde aufgeben.**

Sisu hindert die Finnen daran, Hilfe zu rufen, wenn sie während ihres Wanderurlaubs in Lappland bis zur Hüfte in einem Sumpf steckenbleiben. Stattdessen treten sie lässig im Schlamm und behalten ihren entspannten Gesichtsausdruck, bis sie sich acht Stunden später befreit haben. Danach beenden sie die restlichen 20 Kilometer der geplanten Tagesetappe.

Sisu ist eine introvertierte Stärke. Es geht darum, unerschütterlich zu sein und nicht zu jammern. Wenn man etwas begonnen hat, muss es zu Ende geführt werden, unabhängig davon, ob es wichtig oder sinnvoll ist. Was getan werden muss, wird getan, koste es, was es wolle. Matti ist so ein typischer Fall: Er beschließt, einen regnerischen Tag in der Sauna seines *mökki* (Sommerhaus) zu verbringen. Er möchte Birkenholz im Ofen verwenden, da es die Hitze angenehm intensiv macht. Nach einer 6-stündigen Autofahrt angekommen, bewundert er die sauberen Holzhaufen in seinem Schuppen, kann aber kein einziges Stück Birke finden. Er denkt kurz darüber nach, die Sauna

>> **Wenn man etwas begonnen hat, muss es zu Ende geführt werden, unabhängig davon, ob es wichtig oder sinnvoll ist.**

mit dem zu beheizen, was er hat, verwirft die Idee aber schnell wieder. Stattdessen nimmt er eine Axt, geht hinaus in den sintflutartigen Regen, fällt eine Birke im nahegelegenen Wald, hackt sie klein, nimmt die Stücke mit in die Sauna und greift in die Tasche nach seinen Streichhölzern, nur um festzustellen, dass diese jetzt durchnässt sind.

Er fährt 50 Kilometer zur nächsten Tankstelle und kauft zehn Päckchen. Zurück in der Sauna versucht er, die Birke anzuzünden, aber das Holz ist einfach zu nass. Mehr denn je entschlossen, Birke zu verwenden, steigt er wieder in sein Auto. Fünf Stunden und sieben Baumärkte später kommt er zurück. „Diesmal wird es funktionieren und nichts wird mich davon abbringen, einen entspannten Tag zu verbringen", schwört er sich, als er mit seinem neuen Gasbrenner aus dem Auto steigt.

Das finnische *sisu* hat sich im Laufe von Tausenden von Jahren entwickelt. Es war immer ein Kampf, in einer so abgelegenen Gegend und in einem so feindlichen Klima zu überleben. Abgesehen davon, dass die Finnen sich der militärischen Herrschaft und den sprachlichen und kulturellen Einflüssen ihrer Nachbarn zu erwehren hatten, mussten sie außerdem gegen eisige Temperaturen kämpfen, Sümpfe mit Hacken und harter Arbeit in Ackerland verwandeln und mit Bären ringen.

> **»Sisu ist nach wie vor nötig, wenn man eine einfache Tätigkeit wie die Fahrt zur Arbeit an einem Wintermorgen ausführen will.**

Moderne Technologien haben es zwar einfacher gemacht, in Finnland zu überleben, aber die globale Erwärmung hat die strengen Winter noch nicht spürbar verändert. *Sisu* ist nach wie vor unerlässlich, wenn man eine einfache Tätigkeit wie die Fahrt zur Arbeit an einem Wintermorgen ausführen will. Vorausgesetzt, die Temperaturen liegen nicht unter -30° C (in diesem Fall geht man besser zu Fuß, weil die Reifen den Geist aufgeben könnten), geht man nach draußen und versucht zu erraten, wo der 18-jährige Sohn das Auto in der Nacht zuvor geparkt haben könnte. Man beginnt zu schaufeln, um das Auto zu finden, gräbt das Auto aus dem Schnee und kratzt schließlich eine dicke, hartnäckige Eisschicht von den Scheiben. Wenn man Glück hat, braucht man dafür nur 45 Minuten und es stellt sich heraus, dass es sich tatsächlich um das eigene Auto und nicht um das des Nachbarn handelt.

Nach mehreren Versuchen und leisem Fluchen startet das Auto. Man ist gerade bereit, loszufahren, da fährt ein Schneepflug vorbei und häuft in Sekundenschnelle eine meterhohe Wand zwischen dem Auto und der Straße auf. Und die Schaufel wird wieder herausgeholt ...

Wenn man es zwei Stunden später endlich ins Büro geschafft hat – natürlich noch rechtzeig (die Finnen sind nie zu spät) –, fragt ein Kollege, ob man Schwierigkeiten hatte, zur Arbeit zu kommen. Die Antwort lautet natürlich: „Ach, nicht wirklich."

Konkurrenzdenken

Die Finnen sind äußerst ehrgeizig, wenn auch auf eine bescheidene Art. Sie messen sich permanent mit anderen Nationen. Tief in jedem Finnen lauert die Angst, dass andere sie als Hinterwäldler betrachten könnten. Schließlich war Finnland bis in die 1950er Jahre eine Agrargesellschaft. Daher werden

》》 Die Finnen sind äußerst ehrgeizig, wenn auch auf eine bescheidene Art.

internationale Wettbewerbe und Rankings aller Art als Gelegenheit genutzt zu zeigen, wie schnell und effizient sich die finnische Gesellschaft entwickelt hat und wie die Finnen zu einer wirklich fortschrittlichen Nation geworden sind. Der krönende Beweis ist natürlich das zivilisierte Verhalten der finnischen Touristen im Ausland: Im Gegensatz zu den Vertretern anderer Nationen, die sich maßlos betrinken, laut werden und ihre Landsleute mit Krawall und Pöbelei beschämen, betrinken sich die Finnen nur heftig, fallen auf dem Weg zum Hotel in die Gosse und bleiben dort ruhig liegen, ohne jemanden zu stören, bis die ersten Sonnenstrahlen sie am nächsten Morgen aus ihrer Benommenheit aufwecken.

Die Wettbewerbsbegeisterung der Finnen ist auch Ausdruck des aufgestauten *sisu* des Landes. Da es durch die Leichtigkeit des modernen Lebens überflüssig zu werden droht, mussten die Finnen es anderweitig kanalisieren. Finnland ist zum gelobten Land für Wettbewerbe geworden.

Es gibt Veranstaltungen für Sumpffußball, Frauentragen, Handy- oder Melkschemelwerfen, Luftgitarre, Kettensägenskulpturen, Hundeschlittenfahrten, Rentierrennen, in-Pantoffeln-Fußball-spielen und den lappländischen Biathlon, bei dem man zwischen Skifahren und Rentiere-mit-dem-Lassofangen wechselt – bei Wettbewerben kennt die finnische Fantasie keine Grenzen. Einmal organisierte sogar jemand eine Meisterschaft im Mückentöten, die in einem Zelt voller Insekten stattfand – bis Tierschutzgruppen eingriffen und dem Ganzen ein Ende setzten.

Ein Wettbewerb, der die finnische Mentalität gut charakterisiert, ist die Sauna-Weltmeisterschaft. Die Teilnehmer sitzen bei 110° C Hitze in der Sauna, während alle 30 Sekunden Wasser auf den Ofen gegossen wird, um sicherzustellen, dass sich niemand über Kälte beklagen kann. Die letzte Person, die ohne Hilfe und halbwegs klar aus der Sauna taumelt, gewinnt.

》》 Ein Wettbewerb, der die finnische Mentalität gut charakterisiert, ist die Sauna-Weltmeisterschaft.

Bisher wurden die finnischen Männer noch nie von anderen Nationalitäten geschlagen. Der Grund dürfte *sisu* sein. *Sisu* und die häufige Übung, die die Männer immer dann bekommen, wenn sie zusammen in die Sauna gehen und stillschweigend gegeneinander antreten – obwohl sie das natürlich abstreiten.

Die Finnen sind besonders ehrgeizig im Sport, vor allem, wenn dieser Sport echten Biss erfordert. Alle finnischen Kinder werden von frühester Kindheit an auf den Wettkampf vorbereitet. Diejenigen, die mit „Schlittschuhen an den Füßen geboren" wurden, werden zum Eishockeytraining gebracht, bevor sie überhaupt laufen können. Denjenigen, die nicht so viel Glück hatten, werden ein Paar Skier gekauft und sie werden angestachelt, auf der Skipiste in dunklen, gefrorenen Pinienwäldern Runde um Runde zu drehen. Bis zur Einschulung haben sie dann bereits zahlreiche Trophäen bei Kinder-Langlauf-Wettbewerben gewonnen. In den meisten anderen Ländern würde es zum Eingreifen der Sozialbehörden führen, wenn Kinder durch ein Land gehetzt würden, welches noch immer von Wölfen besiedelt ist und in dem eisige Temperaturen herrschen. In

> **》 Die Finnen sind besonders ehrgeizig im Sport, vor allem, wenn dieser Sport echten Biss erfordert.**

Finnland nicht. Hier handelt es sich lediglich um einen ersten Schritt auf dem Weg zum echten Finnen, eine Vorbereitung auf den jährlichen Finlandia Ski-Marathon. Auch wenn man nie daran teilnimmt.

Wettbewerb ist wichtig, aber noch wichtiger ist es, zu gewinnen. Es kann vorkommen, dass man als finnischer Olympiasieger von seiner örtlichen Gemeinde ein Stück Land erhält und obendrein ein Haus darauf gebaut bekommt. Die Finnen haben nie verstanden, warum es für die Briten ehrenhaft ist, zwar sein Bestes zu geben, sich aber keine Gedanken um das Ergebnis zu machen. Warum schickte man Eddie „The Eagle" Edwards als Vertreter Großbritanniens zum olympischen Skispringen, obwohl er so schlecht war, dass das Internationale Olympische Komitee die Regeln ändern musste, um zu verhindern, dass jemand wie er jemals wieder teilnimmt? Warum teilnehmen, wenn man sich nur selbst blamiert? Wenn dein Bestes nicht genug ist, musst du dich eben noch mehr anstrengen.

>> **Es kann vorkommen, dass man als finnischer Olympiasieger ein Stück Land erhält und obendrein ein Haus darauf gebaut bekommt.**

Reserviertheit

Die Finnen sind definitiv sehr stille Vertreter. Einige würden sogar so weit gehen, sie als autistisch zu bezeichnen. „Reden ist Silber, Schweigen ist Gold" ist eine finnische Maxime. Und da sie eben sehr wettbewerbsorientiert sind, arbeiten sie auf Gold hin.

Genau wie *sisu* ist die finnische Zurückhaltung auf das raue Klima und die geografische Isolation vom Rest der Welt – und im dünn besiedelten Hinterland sogar vom nächsten Nachbarn – zurückzuführen.

Bedenkt man die Schweigsamkeit der Finnen, ist es eigentlich erstaunlich, dass Mobiltelefone so früh so populär waren: Heute besitzen 98 % der Finnen mindestens eines. Abgesehen davon, dass es früher eine patriotische Pflicht war, die heimische Marke Nokia zu unterstützen, helfen die Telefone den Finnen dabei, ihr großes Bedürfnis nach Distanz zu erfüllen. Es ist schlimm genug, wenn man einkaufen gehen muss, obwohl noch drei andere Personen im Supermarkt sind.

Die finnische Sparsamkeit an Worten ist auch von ausländischen Medien bemerkt worden. Der frühere Formel-1-Champion Mika Häkkinen beispielsweise war für seine einsilbigen Antworten auf die ausführlichen Fragen internationaler Journalisten bekannt. Aber wenigstens erhielten die Journalisten eine Antwort von ihm; nicht alle finnischen Fahrer waren so gesprächig.

》Vergleicht man die Finnen mit anderen Nationen, scheint es so, als seien alle Finnen introvertiert. Das ist jedoch nicht der Fall.

Vergleicht man die Finnen mit anderen Nationen, scheint es so, als seien alle Finnen introvertiert. Das ist jedoch nicht der Fall. Es gibt einen einfachen Test, an dem man einen extrovertierten Finnen erkennt: Wenn er sich mit jemandem unterhält, schaut er dessen Füße an statt seiner eigenen.

Melancholie

Viele Völker bezeichnen sich selbst als melancholisch. Das hat auch etwas Schönes an sich, wenn es gleichzeitig eine gewisse Tiefgründigkeit beinhaltet. Die finnische Melancholie ist jedoch ganz anders. Sie kann so extrem sein, dass andere Völker sie als Depression bezeichnen würden, und als Beweis die hohe Platzierung Finnlands in den Selbstmordstatistiken der westlichen Welt anführen würden.

>> **Die finnische Melancholie kann so extrem sein, dass andere Völker sie als Depression bezeichnen würden.**

Natürlich wird man leichter depressiv, wenn die Sonne über Monate fast nicht über den Horizont steigt. Die langen Winter mit ihrem unvermeidlichen Eis, dem Schnee und der Dunkelheit haben finnische Gedichte wie dieses hervorgebracht:

> Eine winterliche Brücke, Frost
> Dunkelheit,
> als ob die Welt
> am Geländer endete.

Aber kaum ist der Sommer da, sind die Finnen wie ausgewechselt: In den Städten sind die Caféterrassen voller zaghaft lächelnder Gesichter und die trägen Zungen werden durch das unverschämt teure finnische Bier und Cider gelockert; auf dem Land treffen sich Freunde, Verwandte und Geschäftspartner in Sommerhäusern zum Saunieren und Nacktbaden. Jeder genießt die neuesten Geschmacksrichtungen finnischer Eiscremes und die in der Mitternachtssonne gereiften Erdbeeren. Die Jugend wird so lebendig, dass sie zu Metal-Festivals geht, anstatt die Musik alleine zu hören; die ältere Generation tanzt den Tango Wange an Wange auf Tanzflächen im Freien. Die Ausgelassenheit wird fast greifbar. Und wären da nicht die blauen Kleidungsstücke, man könnte fast meinen, Außerirdische hätten die ganze Nation übernommen.

>> **Im Sommer wird die finnische Jugend so lebendig, dass sie zu Metal-Festivals geht, anstatt die Musik alleine zu hören.**

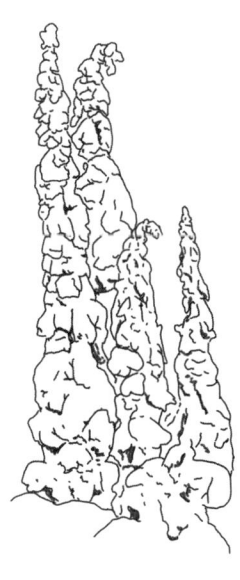

Staat & Gesellschaft

Die Finnen leben in einer technisch fortgeschrittenen Informationsgesellschaft. Die Automatisierung alltäglicher Vorgänge ist die Regel und nur 4 % der Bevölkerung wehren sich noch immer gegen die Verlockungen einer Breitbandverbindung. Sie können online auf öffentliche Dienste zugreifen oder in Zügen ohne Fahrer fahren. Sie können ihre Kühe von einem computerisierten System betreuen lassen, das diese wäscht und melkt, wann immer sie Lust auf eine Pause vom Wiederkäuen haben. Sie können sich sogar die gesamte Post in ihren elektronischen Briefkasten liefern lassen, vorausgesetzt, es macht ihnen nichts aus, wenn jemand ihre Liebesbriefe und das Erinnerungsschreiben für ihren nächsten Koloskopie-Termin öffnet und einscannt.

Es besteht eine hohe Erwartungshaltung, dass in Finnland alles effizient funktioniert. Öffentliche Verkehrsmittel, Gesundheitswesen, Rettungsdienste, Müllabfuhr und alle anderen Dienste funktionieren einfach so, als ob sich keiner dafür besonders anstrengen

>> **Es besteht eine hohe Erwartungshaltung, dass in Finnland alles effizient funktioniert.**

müsste. Eigentlich sind es immer nur die alljährlichen Streiks, von verschiedenen Gewerkschaften zur Durchsetzung höherer Löhne organisiert, die das Potenzial haben, den reibungslosen Ablauf des Alltagslebens zu stören. Allerdings gehen die Finnen nicht so leidenschaftlich oder so häufig auf die Barrikaden wie beispielsweise die Franzosen. Ihr Gehorsam gegenüber Autoritäten und ihr Gemeinschaftssinn lässt sie Schuldgefühle entwickeln, wenn sie während des Streiks den Rest der Gesellschaft im Regen stehen lassen (oder im Schneeschauer). Außerdem ist es unangenehm, wenn so viele Leute zusammenkommen und lange an den überfüllten Barrikaden stehen, um für die gemeinsame Sache zu kämpfen: Es wird nach einer Weile wirklich schwierig, Augenkontakt zu vermeiden.

Bildung

In Finnland gelten die frühen Kindheitsjahre als wertvoll. Kinder gehen erst mit sieben Jahren zur Schule und selbst dann haben sie kürzere Schultage, längere Ferien und weniger Hausaufgaben als die meisten westlichen Schulkinder. Man könnte vielleicht meinen, dies mache die Finnen zu einem Haufen von Ignoranten – aber laut internationalen Bildungsranglisten bringt das finnische System Teenager hervor, die zu den cleversten der

>> **Laut internationalen Ranglisten bringt das finnische System Teenager hervor, die zu den cleversten der Welt gehören.**

Welt gehören. Und da sie ein breites Spektrum an Fächern von Naturwissenschaften bis hin zu Kunst absolvieren, die alle als gleich wichtig erachtet werden, verlassen sie die Schule als rundum gut ausgebildete Persönlichkeiten. Bis zum Ende der neunjährigen Schulpflicht können die Schülerinnen und Schüler eine Partitur genauso einfach lesen wie etwa die Worte „Hallo Welt" in zahlreichen Fremd- und Programmiersprachen.

Diese Erfolge sind auf hochqualifizierte Lehrer, ein entspanntes Lernumfeld und das Gleichheitsprinzip zurückzuführen, das vorschreibt, dass begabte und schwache Schüler nicht getrennt werden und erstere den letzteren helfen, wenn sie ihre eigene Arbeit beendet haben.

Jüngste Experimente, bei denen die Schüler mehr Einfluss darauf haben, was und wie sie lernen, müssen jedoch erst noch ausgewertet werden.

Auch das winterliche Wetter wirkt sich positiv auf die Konzentrationsleistung aus. Wenn man alle 45 Minuten für eine Viertelstunde ins Freie gejagt wird, sitzt man mit höherer Wahrscheinlichkeit still, nachdem man wieder hereinkommt – nicht nur, weil der Geist erfrischt ist, sondern auch, weil der Körper zu eingefroren ist, um irgendetwas anderes zu tun.

》》Auch die Berufsschulen, Fachhochschulen, Polytechnischen Hochschulen und Universitäten Finnlands gelten als erstklassig.

Auch die Berufsschulen, Fachhochschulen, Polytechnischen Hochschulen und Universitäten Finnlands gelten als erstklassig. Qualifikationen sowie die Dokumente, auf denen diese geschrieben stehen, sind in der finnischen Gesellschaft wichtig. Es ist die Sorgfalt und Gründlichkeit, die sich aus der Abkehr vom Multitasking hin zur zielstrebigen Konzentration auf jeweils nur eine Sache ergibt, die die finnischen Abschlüsse so herausragend macht. Finnen sind der Meinung, die Tatsache, dass finnische Studenten länger als die meisten anderen für ihren Abschluss benötigen, beweise dies.

Der Über-Wohlfahrtsstaat

Die Einstellung der Finnen gegenüber Autoritäten ist geprägt von einer langen Geschichte, in der sie gezwungen waren, ausländischen Herrschern ohne Widerrede zu gehorchen. Man ist daher nach wie vor gehorsam und hat großen Respekt vor dem Staat, dem alles durchdringenden Apparat, der das Volk behütet, sein wachsames Auge auf die Menschen richtet und bestimmt, was gut für sie ist und was nicht. Genau so mögen es die Finnen. Auch wenn sie manchmal darüber grummeln. Schließlich ist der Staat immer da und hilft ihnen, wenn ihre Gesundheit schwächelt, sie ihren Job verlieren oder die Geschwindigkeit ihrer Breitbandverbindung unter die gesetzlich festgelegte Mindestmarke von einem Megabit pro Sekunde fällt.

》Der finnische Staat ist bemüht, seine Bürger vor allem Schaden zu bewahren, einschließlich ihrer eigenen Laster.

Der Staat ist bemüht, seine Bürger vor allem Schaden zu bewahren, einschließlich ihrer eigenen Laster. Er stellt sicher, dass sich die Finnen nicht in den Untergang trinken, indem er den Verkauf von stärkeren alkoholischen Getränken in seinen Alko-Läden monopolisiert hat. Zusätzlich wird jeder Tropfen Alkohol so hoch besteuert, dass immer genügend Geld in den staatlichen Kassen vorhanden ist, um eine eventuell erforderliche Lebertransplantation zu finanzieren. Dafür müsste man aber natürlich erst genug Geld übrig haben, um es soweit kommen zu lassen.

Die hohe Besteuerung von Zigaretten, das Rauchverbot in öffentlichen Räumen und das Tabakwerbeverbot sollen dafür sorgen, dass die Nation nur saubere Luft atmet. Gesetze gegen Alkohol am Steuer sowie Empfehlungen für Radfahrer, Helme aufzusetzen und für Fußgänger, Reflektoren an der Kleidung zu tragen, sollen sicherstellen, dass niemand auf den Straßen verletzt wird.

Selbst Mobbing in der Schule wird durch Regeln gemindert, die vorschreiben, welche Namen Eltern ihren Nachkommen geben dürfen. Man versuche nicht, sein Kind nach seinem Geburtsort oder einem ausländischen Popstar zu benennen. Gefragt sind gute alte finnische Namen, die von jedem leicht ausgesprochen werden können wie Jyrki, Väinö oder Kaija-Marjatta.

In anderen Ländern wäre die Bezeichnung „nanny state" für einen überfürsorglichen Staat ein abwertender Begriff. In Finnland ist das ein Kompliment. Es bedeutet, dass man nachts ruhig schlafen kann, weil man weiß, dass der Staat sich um das Wohlergehen jedes Einzelnen und um das Wohl des ganzen Landes kümmern wird. Mikromanagement wird nicht nur als notwendig erachtet, es wird auch von den Bürgern begrüßt.

> **❯❯ Selbst Mobbing in der Schule wird durch Regeln gemindert, die vorschreiben, welche Namen Eltern ihren Nachkommen geben dürfen.**

Obwohl sie zu den gebildetsten Menschen der Welt gehören, wäre es unvorstellbar, den Finnen einfach zuzutrauen, selbst die richtigen Entscheidungen zu treffen.

Personalausweise

In manchen Ländern werden Personalausweise als Bedrohung der Freiheit und des Datenschutzes betrachtet. Die Finnen betrachten ihre Personennummern als bequeme Art des Bürokratieabbaus. Der Identitätsnachweis ist beispielsweise viel einfacher. Anstatt einen fotografischen Nachweis darüber zu erbringen, wer man ist, oder eine Stromrechnung vorzulegen, um den Wohnsitz zu bestätigen, wie dies in Großbritannien üblich ist, genügt die Vorlage der eigenen Nummer. Es ist beispielsweise ganz einfach, alle über eine Änderung der Anschrift zu informieren. Man muss nicht die Bank, die Finanzbehörden, die Kfz-Zulassungsbehörde, Versicherungen und so weiter einzeln anschreiben. Es genügt, ein elektronisches Formular auszufüllen und das Einwohnerregister benachrichtigt alle relevanten Stellen automatisch.

❯❯ Die Finnen betrachten ihre Personennummern als bequeme Art des Bürokratieabbaus.

Leider werden gelegentlich auch Verwaltungsfehler auf Knopfdruck systemweit übertragen. Ehe man sich versieht, befindet man sich vielleicht in einer Zwickmühle: Wie könnte man beispielsweise beweisen, dass man noch am Leben ist, wenn das System eindeutig festgestellt hat, dass man tot ist und es die Zeitschriftenabonnements zusammen mit der Rente bereits automatisch gekündigt hat?

Wehrdienst

Das Jagen ist eine finnische Tradition, daher ist der Umgang mit Waffen für junge Finnen auf dem Land nichts Besonderes.

Wenn die finnischen Streitkräfte 18-jährige kräftige Männer auf ein 6–12 Monate dauerndes, obligatorisches Abenteuer-camp einladen (Frauen können freiwillig teilnehmen), sind die Neulinge bereits Scharfschützen. Sie haben ihren Jagd-schein bereits im Alter von 15 Jahren erhalten (nach einer Si-cherheitskontrolle und elterlicher Genehmigung) und so oft wie möglich an Zielen wie Elchen, Bären, Füchsen, Hasen, Enten und Gänsen geübt (Anzahl und Art der Wildtiere, die gejagt werden dürfen, sind natürlich streng geregelt).

Der Militärdienst wird als wichtige patriotische Pflicht be-trachtet. Er hat auch einen großen Einfluss auf das zukünftige Leben: Nicht nur, weil man ab und zu Auffrischungsübungen besuchen muss, sondern auch, weil er einem bei der Jobsuche helfen kann. Arbeitgeber stellen eher jemanden ein, der beim Wehrdienst eine gute Figur ge-macht hat, als einen Kriegs-dienstverweigerer, der sich dafür entschieden hat, Rentner durch den Park zu schieben. Man sollte auch nicht unterschätzen, dass sich Fähigkeiten, welche wäh-rend des Wehrdienstes erworben wurden, ins zivile Leben übertragen lassen. Das Überleben in der Wildnis stärkt das *sisu*. Und wenn man gelernt hat, das zu tun, was einem gesagt wird, und sich nicht um die Absurdität der Befehle kümmert, erträgt man einen inkompetenten Chef am Arbeitsplatz gleich viel leichter. Zu wissen, wie man ein Bett macht, redu-ziert zudem die Anzahl der Auseinandersetzungen mit dem Ehepartner drastisch.

》》 Zu wissen, wie man ein Bett macht, reduziert zudem die Anzahl der Auseinandersetzungen mit dem Ehepartner drastisch.

Nicht, dass im finnischen Militär alles vorgeschrieben wäre: Es steht einem nach wie vor frei, die Zahnpastatube so zu drücken, wie man will.

Verbrechen & Strafe

Finnland hat nicht so viele Polizeibeamte wie die meisten anderen Länder, da das kollektive Gewissen der Menschen den größten Teil der Polizeiarbeit leistet. Eltern schlagen ihre Kinder nicht, weil der Staat sie bestrafen würde. Kunden probieren die Trauben im Supermarkt nicht vor dem Kauf, weil dies als Diebstahl der schlimmsten Art betrachtet würde. Ein Fußgän-

> **》Das kollektive Gewissen der Menschen in Finnland leistet den größten Teil der Polizeiarbeit.**

ger würde nie eine leere Straße überqueren, wenn das rote Männchen leuchtet – auch nicht um 3 Uhr nachts an einem Wintermorgen bei -20° C wenn kein Auto, geschweige denn eine andere Seele, weit und breit in Sicht ist.

Die Kriminalitätsrate in Finnland ist eine der niedrigsten in ganz Europa. Niemand hält die Handtasche beim Einkaufen krampfhaft fest oder versteckt seine persönlichen Besitztümer im geparkten Auto. Die Finnen sind jedesmal überrascht, wenn sie während ihres Urlaubs im Ausland bestohlen werden. Woher hätte man auch wissen sollen, dass jemand die Tasche stiehlt, wenn sie unbeaufsichtigt in der Hotelhalle steht, während man nur rasch zur Toilette geht?

Es gibt allerdings eine Straftat, die unwiderstehlich zu sein scheint. Sie taucht immer wieder kurz vor Weihnachten auf. Eigentlich weiß jeder Finne, dass es keine Geschenke gibt, wenn der Weihnachtsmann mitbekommt, dass man speziell vor Weihnachten etwas Falsches tut. Doch diese Drohung zeigt bei der Weihnachtsbaumwilderei keinerlei Wirkung. Die Finnen glauben nämlich auch fest daran, dass der schönste Weihnachtsbaum immer gerade der ist, den sie in einem Waldstück gesehen haben, das jemand anderem gehört. Das illegale und verwegene an dieser Eskapade beflügelt nur das Verlangen nach dem Verbotenen. Wilderer bevorzugen besonders Bäume, die in staatlichen Wäldern wachsen. Die Stadt Helsinki hat jetzt ein maßgeschneidertes Bußgeldsystem für jeden Meter gestohlener Fichte eingeführt.

>> **Die Finnen glauben fest daran, dass der schönste Weihnachtsbaum immer gerade der ist, den sie in einem Waldstück gesehen haben, das jemand anderem gehört.**

Die Finnen sind der Ansicht, dass Freiheitsverlust eine der schwersten Strafen überhaupt ist. Finnische Gerichte verhängen außergewöhnlich kurze Strafen und versuchen ihr Bestes, niemanden ins Gefängnis zu schicken. Besonders bekannt ist das Berufungsgericht in Ostfinnland für seine Nachsicht gegenüber Vergewaltigern: Sowohl die geringe Dauer des Akts als auch die Bedeutung der Festanstellung des Vergewaltigers wurden als Gründe für eine Milderung der ursprünglichen Strafe der Bezirksgerichte angeführt. Begeht man jedoch ein Verbrechen gegen den Staat, wie Betrug oder Steuerhinterziehung, dann wird man für den Rest seines Lebens büßen müssen.

Einstellungen & Werte

Der Einfluss der Religion

Die Schweden haben bereits im 11. Jahrhundert damit begonnen, die Finnen zum Katholizismus zu bekehren, während die russisch-orthodoxe Kirche gleichzeitig versuchte, die heidnische Nation davon zu überzeugen, dass ihre Version des Christentums die richtige sei. Die Anbetung der Gottheit Ukko, heiliger Tiere und anderer Götter durch die Finnen wurde allmählich ausgelöscht und es war das Luthertum, welches im 16. Jahrhundert schlussendlich die finnische Seele eroberte. Werte wie harte Arbeit und Bescheidenheit fielen in der finnischen Seele auf fruchtbaren Boden. Die

Möglichkeit eines Lebens nach dem Tod im Himmel, anstatt im unterirdischen Reich der Toten namens Tuonela, an das die finnischen Heiden glaubten, erschien ziemlich attraktiv. Das wichtigste Argument für die Bekehrung war jedoch in Wirklichkeit Druck von außen. Und dieser Druck hatte nicht selten die Form einer vorgehaltenen Schwertklinge.

Heute sind etwa 70 % der Bevölkerung Angehörige der lutherischen Kirche. Die Mehrheit dieser pragmatischen Nation sieht ihre Zugehörigkeit und die damit verbundene, von staatlicher Seite verwaltete Zahlung von Kirchensteuern jedoch als eine Investition für Taufen, Konfirmationen, Hochzeiten und Beerdigungen in einer Kirche. Gelegentlich besuchen die Kirchenmitglieder sogar einen Weihnachtsgottesdienst, um auf ihre Kosten zu kommen.

Obwohl nur eine kleine Minderheit in der Kirche oder einer ihrer Erweckungsbewegungen aktiv ist, trägt die gesamte Bevölkerung immer noch das Erbe der lutherischen Werte auf ihren Schultern. Der Bibelvers „Im Schweiße deines Angesichts sollst du dein Brot essen, bis dass du wieder zu Erde wirst" wird immer noch streng befolgt.

》》Die Finnen laufen zur Höchstform auf, wenn die Umstände am schwierigsten sind.

Man sollte meinen, dass das Leben schon hart genug ist und man es nicht noch schwieriger machen müsste. Aber nein, die Finnen genießen Entbehrungen. Sie laufen zur Höchstform auf, wenn die Umstände am schwierigsten sind. Und wenn sie mal nicht so schwierig sind, ist es wichtig, anderen den Eindruck zu vermitteln, dass sie es seien.

Nehmen wir zum Beispiel Pekka: Sein Geschäft läuft gut und die Zukunft sieht vielversprechend aus. Er besitzt ein hübsches Haus, hat eine schöne Frau und brave Kinder. Man macht ihm ein unschuldiges Kompliment und gratuliert ihm zu seinem Erfolg. Pekka findet schnell Fehler: Das Geschäft läuft doch gar nicht so gut und er hatte einfach nur großes Glück, die Rezession überlebt zu haben; das Haus ist nur ein Fertighaus, das er gar nicht selbst gebaut hat; seine Kinder werden sicher aufhören, sich gut zu benehmen, sobald sie ihre Teenagerjahre erreichen, und bei seiner Frau ist er sich sicher, dass sie ihn für jemand anderen verlässt, weil er immer noch nicht das *mökki* am See gebaut hat, das er ihr schon vor zehn Jahren versprochen hat.

> **Die Finnen glauben instinktiv, dass Gutes nicht einfach so daherkommt und dass es, wenn es eintritt, nicht lange anhält.**

Die Finnen glauben instinktiv, dass Gutes nicht einfach so daherkommt und dass es, wenn es eintritt, nicht lange anhält. In anderen Ländern fühlen sich die Menschen schuldig, wenn sie durch ihr Tun oder Unterlassen etwas falsch gemacht und versagt haben. Die Finnen fühlen sich dagegen schuldig, wenn sie etwas richtig gemacht haben und erfolgreich waren. Ihr starkes Bewusstsein für Bescheidenheit verbietet es ihnen, mit den eigenen Leistungen zu prahlen oder sie zu feiern.

Man kann sich ein verzweifeltes Vorstellungsgespräch vorstellen: Wie will man erfahren, wozu die Kandidaten in der Lage sind, wenn jeder sich gewohnheitsgemäß schlecht macht? Der Trick ist, dass sowohl der Fragesteller als auch der Befragte Finnen sein müssen. Dann können sie die Aussagen des anderen richtig einordnen. Der Fragesteller weiß, dass „Grundkenntnisse in Französisch" gleichbedeutend ist mit einem Masterstudium der Sprache sowie drei Sommeraufenthalten in Paris mit zusätzlichen Sprachkursen in Nanotechnologie, zu den Kulturen des präkolonialen frankophonen Afrika und anderem nützlichen Fachvokabular. Kompliziert wird es nur, wenn sich Ausländer um einen Job bewerben. Wenn beispielsweise ein Amerikaner behauptet, dass sein Französisch auf Konversationsniveau sei, sind die Finnen zunächst sehr beeindruckt, nur um später festzustellen, dass der Amerikaner sich auf die Tatsache bezieht, dass er tatsächlich einmal eine Konversation mit einer attraktiven französischen Dame in Frankreich hatte – auf Englisch.

Gleichberechtigung

Der Grundsatz der Gleichberechtigung bildet die Basis des finnischen Sozialstaats. Der Staat setzt sich intensiv dafür ein, alle seine Bürger gleich zu behandeln. Jeder erhält die gleiche staatliche Schulbildung, bei der er gezwungen ist, die gleichen ernährungsphysiologisch ausgewogenen Schulmahlzeiten zu essen, die auf identischen Tellern serviert und mit identischen Messern und Gabeln gegessen werden. Sie setzen ihre Studien fort, wobei sie das Recht erhalten, sich das gesunde Mensa-Essen selbst auf den Teller zu laden. Wenn sie einen Job bekommen, essen sie subventionierte, gesunde Mahlzei-

>> **Der finnische Staat setzt sich intensiv dafür ein, alle seine Bürger gleich zu behandeln.**

ten in der Betriebskantine. Erst nach ihrer Pensionierung wird ihnen zugetraut, selbst zu entscheiden, was sie zu Mittag essen wollen. Natürlich nur so lange, bis sie in ein Seniorenheim eingeliefert werden, wo sie wieder Mahlzeiten aus einer Großküche erhalten, die diesmal allerdings mit Löffeln oder durch einen Schlauch zugeführt werden. Aber die Löffel sind garantiert alle gleich.

Die Finnen waren die ersten Europäer, die ihre Männer von der Last befreiten, das Land ohne weibliche Hilfe regieren zu müssen. Finnische Frauen dürfen bereits seit 1906 wählen und sich ins Parlament wählen lassen, länger als in jedem anderen europäischen Land. Seitdem ist auch die Verpflichtung des männlichen Finnen, alleine für seine Familie zu sorgen, bei einem Rendezvous die Rechnung zu zahlen oder Frauen die Türen aufzuhalten, abgeschafft. Mit dem Einzug von Frauen in den öffentlichen Raum ist Finnland zu dem Land mit dem höchsten Maß an Gleichstellung in der Welt geworden. Es gab zwei weibliche Premierminister und eine Präsidentin. Frauen nehmen mehr als 40 % der Parlamentssitze ein, die jüngeren stillen ihre Babys in der Öffentlichkeit und plädieren für bessere Dienstleistungen für Familien mit Kindern. Dank des großzügigen Vaterschaftsurlaubs verbringen die Männer mehr Zeit zu Hause mit Windelwechseln.

Der Gleichheitsgrundsatz wurde auch bei der Errichtung einer klassenlosen Wohlfahrtsgesellschaft beachtet. Kosten-

> **》 Die Finnen waren die ersten Europäer, die ihre Männer von der Last befreiten, das Land ohne weibliche Hilfe regieren zu müssen.**

lose Bildung, eine nahezu kostenlose Gesundheitsversorgung, ein großzügiges Sozialleistungssystem und eine bessere staatliche Rente als andernorts garantieren Chancengleichheit für alle Bürger. Das einzige Problem ist, dass all dies öffentliche Einnahmen in erheblichem Umfang erfordert. Aus diesem Grund ist die gängige Behauptung, dass es wie ein Lotteriegewinn ist, in Finnland geboren zu werden, nur dann gültig, wenn man zu den Empfängern dieser Leistungen gehört. Die weitaus häufigere Erfahrung ist, dass sie im Lotto gewinnen müssen, nur um die Steuern zu bezahlen.

Ehrlichkeit

In Finnland ist Ehrlichkeit nicht nur die beste Strategie, sie ist auch die einzige Strategie. Die Finnen sind eine der am wenigsten korrupten und eine der transparentesten Nationen der Welt. Wenn sie versprechen, etwas zu tun, halten sie ihr Wort. Der einzige mildernde Umstand für das Nichterfüllen eines Versprechens ist der Tod. Und selbst der gilt als schlechte Ausrede.

Finnische Ehrlichkeit bedeutet, dass man jedes Wort, das man sagt, auch so meint. Deshalb muss man den Finnen immer etwas Zeit geben, darüber nachzudenken, was sie genau sagen wollen. Ehrlichkeit ist auch für ihre Direktheit verantwortlich: Bei einem diplomatischen Dinner saß der finnische Botschafter neben einer amerikanischen Dame, die sagte:

> **Die Finnen sind eine der am wenigsten korrupten und eine der transparentesten Nationen der Welt.**

„Herr Botschafter, ich habe gerade gewettet, dass ich Sie dazu bringen kann, heute Abend mehr als fünf Worte zu sagen". Nach einer langen Pause antwortete der Finne: „Verloren".

Sinn fürs Praktische

Wenn das Gleichheitsprinzip der Eckpfeiler der finnischen Gesellschaft ist, so ist das Prinzip der Zweckmäßigkeit die Basis für den Bau des restlichen Hauses. Die Häuser sind hervorragend isoliert und dreifach verglast. Das hält die Innenräume auf tropischen Temperaturen, so dass es ganz angenehm ist, ab und zu ins Freie zu gehen, um sich abzukühlen.

Jalousien werden zwischen die Fensterscheiben montiert, so dass man sie nur selten abstauben muss. Geschirrkörbe werden in Schränken über der Küchenspüle montiert, so dass das Geschirr nicht abgetrocknet werden muss. Sie werden zwar heute in Zeiten der Geschirrspüler nicht mehr benötigt, aber es

>> **Finnen haben sich nie modischen Trends unterworfen – Zweckmäßigkeit und Bequemlichkeit überwiegen immer alle ästhetischen Aspekte.**

ist trotzdem praktisch, sie zu haben: Man weiß nie, wann man eventuell kurzfristig leere Flaschen verstecken muss. Oder wann man als Student einen Platz für den Anbau von Cannabis braucht.

Finnen haben sich nie modischen Trends unterworfen – Zweckmäßigkeit und Bequemlichkeit überwiegen immer alle ästhetischen Aspekte. So ähnelt man im Winter durch das Tragen mehrerer Kleidungsschichten einem Michelin-Männchen (dies geht so weit, dass man sich bei der Verabschiedung die Hände geschüttelt haben muss, bevor man seine strapazierfähige Outdoor-Kleidung anzieht). Im Frühling und im Herbst trägt man am besten einen Trainingsanzug, das ist am praktischsten. Und im Sommer sind weiße Tennissocken mit Sandalen eindeutig das Beste, um sich vor Moskitostichen an den Knöcheln zu schützen. Skeptiker sollten einfach mal probieren, wie lange sie es ohne aushalten können.

Grün sein

Zwei Drittel Finnlands sind mit Wäldern bedeckt, Finnlands „grünem Gold", das als Rohmaterial für eines der wichtigsten Exportprodukte verwendet wird – Papier. Es ist eine Naturlandschaft, die ein Paradies für Wildtiere darstellt. Alle Vögel und Säugetiere, die nicht zum Jagdwild gehören, sind geschützt. Und da auch die Jagd sorgfältig reguliert wird, sind die Bedingungen so gut, dass eine große Zahl von Bären, Elchen und Wölfen über die 1300 km lange Grenze mit Russland schleicht, um ein neues Leben als Öko-Migranten zu beginnen.

》Die Finnen sind umweltbewusst und produzieren weniger Hausmüll als der Durchschnittseuropäer.

Die Finnen sind umweltbewusst und produzieren weniger Hausmüll als der Durchschnittseuropäer. Dies ist auf ein effizientes Recycling und die ständige Unterstützung durch

Medienkampagnen zurückzuführen. Das Pfandsystem für Glas- und Plastikflaschen belohnt umweltfreundliches Verhalten. Die längsten Schlangen in den Alkoholläden sind nicht etwa die an der Kasse, sondern bei der Flaschenrückgabe. Sogar Kinder wissen schon, dass Leergutsammeln nach einem Musikfestival ein einfacher Schritt auf dem Weg zum neuen Mobiltelefon ist. Selbst Bürger mit weniger Umweltbewusstsein konnten überzeugt werden, ihr Papier vom Biomüll zu trennen und ihre leeren Tetra-Paks auszuwaschen: Die Angst vor einer Strafe wirkt in Finnland immer wieder Wunder.

Eine weitere Form des Recyclings ist die finnische Tradition, innovative Wege zur Wiederverwendung von Dingen zu finden. Man kann mit Plastikbeuteln Teppiche für das Klohäuschen am *mökki* häkeln. Oder man friert Beeren in leeren Milchkartons ein und verwendet alte Reifen als Hochbeete für Blumen.

>> **Eine Form des Recyclings ist die finnische Tradition, innovative Wege zur Wiederverwendung von Dingen zu finden.**

Schon im Jahr 1974 begann „Pirkka", das am weitesten verbreitete Magazin Finnlands, die *niksit* der Leser (Tipps und Tricks) zu veröffentlichen. Es verbreitete die Botschaft, dass die Entdeckung neuer Verwendungsmöglichkeiten für alltägliche Objekte das tägliche Leben ungemein verbessern würde. Die Finnen waren begierig zu erfahren, wie man Leim herstellen kann, indem man Essig und Blattgelatine mischt. Oder wie man ein Loch im Regenschirm mit einem Heftpflaster repariert.

Auch die Verwendungsmöglichkeiten von Damenstrumpfhosen faszinierten viele Leser. Ursprünglich für so unspektakuläre Zwecke wie das Lagern von Zwiebeln in der Garage oder das Herstellen von Schnürsenkeln aus langen Streifen empfohlen, reichen die Vorschläge heute vom Über-den-Kopf-ziehen bei einer Achterbahnfahrt, um zu verhindern, dass die Brille während der Fahrt herunterfällt, bis hin zur Lösung für einen angenehmen Nachtschlaf auf einem Langstreckenflug, bei der man sich mit einem Stirnband im Rambo-Stil an die Rückseite des Sitzes bindet, um zu verhindern, dass der Kopf beim Einnicken zur Seite kippt.

Manieren & Sitten

Kein Smalltalk

Die Finnen sehen keinen Sinn in Smalltalk. Warum etwas sagen, wenn es nichts Wichtiges zu sagen gibt? Wenn man eine Konversation über das Wetter beginnt, denken die Finnen, dass man auch tatsächlich über das Wetter reden möchte. Wenn man fragt „Wie geht's?", wird das als echte Frage aufgefasst und nicht als Synonym für „Hallo".

>> **Im Rest der Welt folgt eine Unterhaltung den Regeln des Pingpong. Für Finnen ähnelt ein Gespräch eher dem Bowling.**

Im Rest der Welt folgt eine Unterhaltung den Regeln des Pingpong. Unterbrechungen sind normal und halten das Gespräch am Laufen. Für Finnen ähnelt ein Gespräch eher dem Bowling. Jeder wartet geduldig darauf, dass er an der Reihe ist, und das Unterbrechen eines anderen Gesprächsteilnehmers gilt als unhöflich. Finnen sind bessere Zuhörer als Sprecher. Jorma Etto, ein finnischer Schriftsteller und Dichter, beschrieb sie einmal als ein Volk, das nicht antwortet, wenn es gefragt wird, antwortet, wenn es nicht gefragt wird und fragt, wenn es niemanden gibt, der antwortet. Nicht gerade die Definition eines perfekten Gesprächspartners.

Smalltalk ist nicht einfach nur eine Abneigung der Finnen. Es ist ein nationales Handicap. Sie können es einfach nicht, selbst wenn es um ihr Leben ginge. Das zeigt sich an ihrem Verhalten beim Beeren- und Pilzesammeln im Wald. Um Bären davon abzuhalten, sich zu nähern, muss man Lärm machen. Menschen aus anderen Ländern würden einfach ein gutes altes Schwätzchen miteinander halten. Die Finnen binden Bänder mit Glöckchen um ihre Handgelenke.

> **>> Smalltalk ist nicht einfach nur eine Abneigung der Finnen. Es ist ein nationales Handicap.**

Kurz angebunden

Finnen sind höflich, wenn es wirklich darauf ankommt. „Entschuldigung" ist für schwerwiegendere Vergehen reserviert als beispielsweise ein versehentliches Anrempeln auf der Straße. Tatsächlich ist es sowieso fast unmöglich, unbeabsichtigt den Arm einer anderen Person zu streifen. Weil alle so vorsichtig sind, wenn es darum geht, räumlichen Abstand zueinander zu halten, ist eine solche Situation für die Finnen immer eine große Überraschung. Man kann ihren verwirrten Gesichtsausdruck beobachten, wenn sie ein *O-hoh* (Ups) ausstoßen.

Auch der Wortwechsel in einem Geschäft bleibt meist kurz. Man gilt nicht als unhöflich, wenn man einfach nur die Bezeichnung des gewünschten Artikels nennt. Kein „Bitte" (es gibt kein derartiges Wort auf Finnisch) und kein „Danke". Im Winter, wenn es -20° C sind und man nur einen Pullover trägt, will man keine Zeit damit verschwenden, da sonst die Zähne bei der plötzlichen Änderung der Mundtemperatur zerspringen könnten. Und wenn man im Sommer kurz angebunden ist, verhindert es, dass man hinterher den Mund voller Mücken hat.

Für eine nachfolgende Person die Tür nicht aufzuhalten, ist nicht rücksichtslos. Auf diese Weise vermeidet man unnötige Interaktion. Einen Arbeitskollegen nicht zu fragen „Wie geht es dir?" ist nicht unhöflich. Es zeigt, dass man dessen Privatsphäre respektiert. Schließlich mag keiner Wichtigtuer. Keine Hilfe anzubieten oder nicht unaufgefordert Ratschläge zu erteilen, ist nicht etwa unhöflich, sondern zeigt, dass man sich nicht in die Angelegenheiten anderer Menschen einmischen möchte. Wenn man allerdings um Hilfe bittet, werden die Menschen dies ernst nehmen und sich um das Problem kümmern, als wäre es ihr eigenes. Sie werden nicht ruhen, bis die Angelegenheit geklärt ist, und einem so viel geholfen wurde, dass man sich wünschte, man hätte nie um Hilfe gebeten.

>> **Wenn man in Finnland um Hilfe bittet, werden die Menschen nicht eher ruhen, bis man sich wünschte, man hätte nie um Hilfe gebeten.**

Komplimente

Die Finnen werden noch wortkarger als sonst, wenn es darum geht, Komplimente zu machen. Tatsächlich würde es den Finnen nicht einmal in den Sinn kommen, einer Sache so viel Aufmerksamkeit zu schenken, dass es mehr als ein kurzes Wort des Lobes rechtfertigen würde.

>> **Die Finnen werden noch wortkarger als sonst, wenn es darum geht, Komplimente zu machen.**

Schmeichelei ist den Finnen in höchstem Maße unangenehm. Ausländer, die sie oder finnische Produkte aufrichtig bewundern, werden mit Argwohn betrachtet. Der beste Weg, um Anerkennung auszudrücken, ist also, das Lob kurz und dezent zu halten. Dies wird den Finnen zeigen, dass man sich bereits gut eingelebt hat und beginnt, wie ein Finne zu denken.

Fluchen

Was den Finnen an Quantität im Sprachgebrauch fehlt, machen sie durch die Stärke des Ausdrucks wett. Die großzügige Verwendung von Schimpfwörtern ist nicht nur ein Zeichen von Authentizität und Bodenständigkeit, sondern auch der Schlüssel zu einer effizienten Kommunikation.

Es gibt eine große Auswahl an Schimpfwörtern, deren Quellen von der Bibel über die Anatomie bis hin zur Fäkalsprache reichen. *Vittu* ist zweifelsohne das am häufigsten verwendete (ähnlich wie engl. *fuck*), speziell unter Jugendlichen. Das Einflechten verschiedener Schimpfwörter in einen Satz verleiht der zugrunde liegenden Bedeutung erheblich mehr

Durchschlagskraft. Beispielsweise reicht die Feststellung *juhlissa ei tarjottu viinaa* („es gab keinen Alkohol auf der Party") nicht aus, um die Enttäuschung über diese Situation vollständig auszudrücken. Nach dem Hinzufügen einiger zusätzlicher Wörter offenbart sich die wahre Frustration: *vittu siellä helvetin juhlissa mitään saatanan viinaa tarjottu jumalauta* („Scheiße, es gab keinen Teufelsalkohol auf der Höllenparty, verdammt").

Finnische Schimpfworte sind so kraftvoll, dass die Finnen sie häufig modifizieren, um ihre Wirkung etwas abzuschwächen. Oder sie verwenden Fremdworte, die ihrer Ansicht nach keine solche Schärfe besitzen. Die englischen Ausdrücke *fuck, hell* und *shit* sowie das

>> **Finnische Schimpfworte sind so kraftvoll, dass die Finnen sie häufig modifizieren, um ihre Wirkung etwas abzuschwächen.**

deutsche „Scheiße" sind allgemein üblich, da ihre Aussagekraft ungefähr auf demselben Niveau liegt wie „Oh, Mist!" – zumindest für finnische Ohren.

Sozusagen der Vater aller Schimpfworte, ursprünglich der Name des Donnergottes und später auch Bezeichnung des Teufels in der Bibel, ist *perkele* (mit Betonung auf dem ‚r': peRRRRRRRRRRkele). Wenn man also jemals in die Lage kommt, seine Unzufriedenheit sehr wirkungsvoll ausdrücken zu müssen, gibt es kein Wort, das besser dafür geeignet wäre.

Pünktlichkeit

Die unversöhnliche Haltung der Finnen gegenüber Verspätungen basiert auf der allgemeinen Höflichkeit, die verlangt, dass man Leute nicht warten lässt. Sind die Finnen genau pünktlich, so weiß man, dass es Komplikationen gegeben hat; sonst wären sie schon lange vorher da gewesen. Sie stehen sogar schon 20 Minuten vor der Abfahrt an der Bushaltestelle. Man mag dies für unnötig halten. Wenn man aber versucht, nur wenige Minuten vor der vorgesehenen Zeit anzukommen, wird man feststellen, dass der Bus bereits weg ist. Denn auch die Busfahrer folgen dem Gebot, niemals jemanden warten zu lassen.

Begrüßung

Die Finnen sehen keinen Grund, es mit der Begrüßung zu übertreiben. Das Küssen auf die Wange gilt als überheblich und ist peinlich. Je nach bevorzugter Ausdrucksweise reicht das lockere *hei* („Hallo") oder das förmlichere *hyvää päivää* („Guten Tag") völlig aus. Wenn Sie jedoch jemanden erst kennenlernen, müssen Sie sich die Hände schütteln. Kurz. Das gilt

>> **Die Finnen sehen keinen Grund, es mit der Begrüßung zu übertreiben.**

ebenso, wenn man jemanden lange Zeit nicht gesehen hat. Wenn man sich sehr gut kennt, könnte man sich sogar umarmen. Aber alle Umarmungen sollten kurz und ungelenk sein.

Gastfreundschaft

Die ungeschriebenen Gesetze der Gastfreundschaft sind so ausgelegt, dass beide Seiten großzügig und wohlwollend auf die Bemühungen des anderen blicken. Ist man zu jemandem nach Hause oder ins *mökki* eingeladen, muss man etwas mitbringen – ein Päckchen Kaffee beispielsweise (wenn man zum Kaffee eingeladen ist), Schokolade oder Blumen. Beim Eintreten zieht man die Schuhe aus (die Finnen mögen es zu Hause gerne sauber und haben höchstwahrscheinlich ihren Parkettboden extra für diesen Besuch sterilisiert). Danach wird man ins Wohnzimmer geleitet. Zu diesem Zeitpunkt wird noch kein Getränk angeboten. Die Finnen essen und trinken am Tisch und die Zeit im Wohnzimmer ist für eine Unterhaltung gedacht – auch wenn das natürlich aus bekannten Gründen schwierig ist.

>> **Die Finnen essen und trinken am Tisch und die Zeit im Wohnzimmer ist für eine Unterhaltung gedacht.**

Wird man dann zum Esstisch gebeten, sagt man zunächst höflich „Danke", bleibt aber weiterhin sitzen. Auch wenn man ein zweites Mal gebeten wird, tut man dasselbe. Erst nach der dritten Aufforderung begibt man sich zum Esstisch, aber nur sehr zögerlich, denn man möchte ja nicht zu ungeduldig erscheinen. Der Tisch wird mit so vielen Speisen beladen sein, dass die Tischbeine unter dem Gewicht beinahe zusammenbrechen. Man versucht, nicht daran zu denken, dass es nachher die eigenen Beine sein werden, die dieses Gewicht tragen müssen.

Am Tisch wird von den Gästen erwartet, dass sie sich selbst bedienen. Das kommt daher, dass man alles aufessen muss, was man sich genommen hat – eine Regel, aus der aber wiederum nicht folgt, dass man sich das aussuchen kann, was man gerne mag. Die Etikette verlangt, dass man sich von allem ein wenig nimmt, auch wenn man normalerweise kein Gemüse mag, hier aber ausgerechnet sieben verschiedene Sorten zur Auswahl stehen. Die Gastgeber warten nun, bis man mit dem Essen beginnt. Natürlich darf man sich nicht sofort darüber hermachen, denn das würde ja aussehen, als sei man nur wegen des Essens hergekommen. Auch hier ist wieder Zurückhaltung gefragt.

Man muss stets im Hinterkopf behalten, dass man sich als Gast einen Nachschlag holen muss, daher ist es klug, nicht gleich bei der ersten Runde voll zuzuschlagen. Auch wenn die Gastgeberin bemerkt, dass man satt ist – ein sicheres Zeichen dafür ist, dass einem das Essen aus den Ohren kommt –, wird sie einem noch mehr anbieten. Es ist völlig in Ordnung, freundlich abzulehnen. Es ist sinnlos, heimlich den Hund der Familie zur Rettung anzulocken – er hat wahrscheinlich schon mit seinem eigenen Napf gekämpft und ist an noch mehr Essen nicht interessiert.

Finnische Gastfreundschaft bedeutet, dass die Gäste zu Tode gefüttert werden. Eine Einladung „nur auf einen Kaffee" ist nie einfach nur das. Dazu gibt es immer eine Auswahl an Zimtschnecken, Kuchen, Gebäck und Plätzchen. Wenn man nicht alles

❯❯ Finnische Gastfreundschaft bedeutet, dass die Gäste zu Tode gefüttert werden.

probiert, wird man als hochnäsig betrachtet – als ob das Angebot nicht gut genug wäre. Außerdem ist man verpflichtet, mehrere Tassen Kaffee zu trinken. Sobald die Tasse leer ist, wird sie wieder aufgefüllt, bevor man den Mund öffnen und „Nein, danke" sagen kann. Und wenn die Gastgeberin der

Ansicht ist, man würde den Kaffee nicht schnell genug trinken, füllt sie die Tasse trotzdem wieder auf. Jeder Versuch, den Kaffee abzuwehren, wird im Keim erstickt, bevor man nicht mindestens zweimal Nachschub hatte. Da es als extrem unhöflich betrachtet wird, etwas übrig zu lassen, gibt es keine Möglichkeit, zu entkommen.

>> **Die beste Strategie, die finnische Gastfreundschaft zu überleben, ist, nicht zu viele Einladungen in derselben Woche anzunehmen.**

Die beste Strategie, die finnische Gastfreundschaft zu überleben, ist, nicht zu viele Einladungen in derselben Woche anzunehmen.

Verhalten

Der Krieg der Geschlechter

Es gibt keine wirklichen Anreize für eine Heirat in Finnland: Das unverheiratete Zusammenleben ist gesellschaftlich akzeptiert, es gibt keine Steuervergünstigungen für Ehepaare und das Scheidungsrecht macht „Goldgräberei" quasi unmöglich.

Im Gegensatz zu anderen Ländern, in denen Frauen den Männern zumindest die Illusion lassen, das Sagen zu haben, gibt es für finnische Männer keine solchen Zugeständnisse. Selbst die größten Machos werden in dem Moment, in dem das Ja-Wort gesprochen wird, zu *tohvelisankarit* (Pantoffelhelden). Wie ein Schriftsteller bemerkte:

„Finnland ist ein potenzielles Paradies für gestresste Männer, die es hassen, Entscheidungen zu treffen. Hier kann man sich einfach zurücklehnen und sich in den Schoß einer intelligenten und äußerst willensstarken Frau fallen lassen."

Die Finnin entscheidet nicht nur, was ihr Partner denken und sagen soll, sie zieht sogar seine Socken für ihn hoch. Allerdings sinkt die Wahrscheinlichkeit, einen solch engagierten Organisator für das Privatleben, der die Lücke nach dem Ende des Militärdienstes schließt, auf Dauer zu halten, da die Scheidungsrate inzwischen 50 % erreicht hat.

》 Die Finnin entscheidet nicht nur, was ihr Partner denken und sagen soll, sie zieht sogar seine Socken für ihn hoch.

Nach Ansicht der Finnen sind letztendlich die eigenen Landsleute die besten Ehepartner. Sie teilen die gleichen Werte, sind zuverlässig und müssen sich nicht mehrmals am Tag sagen, dass sie sich lieben. Finnische Männer sind häufig Zielscheibe herzloser Bemerkungen. Es heißt, sie seien depressiv, schweigsam und daher unromantisch. Das ist unfair, denn es ist durchaus möglich, einen Finnen zu finden, der fröhlich und kommunikativ ist und Geschenke macht. Es ist der Weihnachtsmann.

Familienangelegenheiten

In Finnland wird die Kindheit häufig mit Nostalgie betrachtet. Und mit Kosten. Wegen des extremen Klimas im Land müssen die Eltern ihre Kinder für jedes Wetter ausstatten, ganz zu schweigen von der Anschaffung von Ausrüstung für alle möglichen saisonalen Hobbys, sei es ein Fahrrad, eine Eishockeyausrüstung, Skier oder Schnorchel. Und das alles noch bevor die Kinder alt genug sind, ihre eigenen Computerspiele zu fordern, weil ihre Väter sich nicht mit ihnen abwechseln wollen.

Ohne Unterstützung durch den Staat wäre es zu teuer, in Finnland Kinder zu haben. Jede Familie hat einen Anspruch auf großzügige Kinderzulagen. Bezahlter Erziehungsurlaub kann entweder von der Mutter oder vom Vater in Anspruch genommen werden, bis die Kleinen das dritte Lebensjahr vollendet haben. Jede werdende Mutter erhält ein kostenloses „Mutterschaftspaket", bestehend aus einem Kinderbettchen aus Pappe mit allen wichtigen – und umweltfreundlichen – Babyutensilien: Sommer- und Winterkleidung, Toilettenartikel, Bettwäsche, wiederverwendbare Windeln, Spielzeug und die unverzichtbare Bedienungsanleitung für das Baby. Kostenlose Gesundheitskliniken kümmern sich um die Gesundheit der nächsten Generation und verabreichen ihnen alle möglichen Impfungen. Spielkreise und Kleinkindergruppen stimulieren ihre frühkindliche soziale Entwicklung. Spezielle kinderfreundliche Kinos mit Tagesvorstellungen sind

❯❯ Ohne Unterstützung durch den Staat wäre es zu teuer, in Finnland Kinder zu haben.

eine attraktive Umgebung für Eltern, in der sie miteinander interagieren und so ihr eigenes Wohlbefinden steigern können. Einige ländliche Städtchen und Dörfer locken Familien an, indem sie Haushalten mit Kindern kostenloses Land anbieten. Eltern, die einen Kinderwagen schieben, fahren im Großraum Helsinki kostenlos mit öffentlichen Verkehrsmitteln, da von den Eltern nicht erwartet werden kann, dass sie ihre Aufmerksamkeit auf eine so triviale Angelegenheit wie die Bezahlung des Fahrpreises richten, wenn sie die Zukunft der Nation vor Augen haben.

Finnische Babys werden vom ersten Moment an dem Wetter ausgesetzt. Sie werden in Schichten über Schichten von dicker, isolierender Kleidung und Bettdecken gewickelt und in Kinderwagen gelegt, um im Winter im Freien ein Schläfchen zu machen. Jugendliche im Herbst ohne Mütze und Handschuhe aus dem Haus zu lassen, wäre ein Akt grober Vernachlässigung. Auch an den heißesten Sommertagen lässt die obsessive Einstellung der Eltern zum Thema Warmhalten nicht

» In Finnland gibt es kein schlechtes Wetter, nur schlechte Kleidung.

nach: Das Ausziehen überschüssiger Schichten wird erst dann erwogen, wenn das Kind kurz vor einem Ohnmachtsanfall durch Hitzeeinwirkung steht.

In Finnland gibt es kein schlechtes Wetter, nur schlechte Kleidung. So müssen sowohl Kleinkinder als auch ältere Kinder im Freien spielen, egal ob es in Strömen regnet oder die Sonne strahlt. Sollte sich Widerstand regen, sagen die Eltern ihnen schnell, dass sie nicht aus Zucker seien und sich daher nicht auflösen können, selbst wenn der Regen so stark ist, dass er das Dach beschädigt. Einfach wasserdichte Klamotten und Gummistiefel an – und los geht's. Schulkinder werden jedoch in den Pausen nicht gezwungen, ins Freie zu gehen, wenn die Temperatur unter -30° C fällt. Der einzige Haken ist, dass Schulthermometer eine besondere Art von Quecksilber zu beinhalten scheinen, das nie so tief fällt, obwohl man sich sicher war, dass es -40° C waren, als man das Haus verlassen hatte.

Wie man Hunden beibringt zu kommen, wenn man ihren Namen ruft, so müssen finnische Eltern dasselbe mit ihren Nachkommen tun. Dies liegt daran, dass alle finnischen Kinder in ihren Schneeanzügen gleich aussehen und nur ihre Pausbacken und Knopfnasen zu sehen sind. Wenn sie nicht auf Zuruf kommen, laufen die Eltern Gefahr, das falsche Kind vom Spielplatz mit nach Hause zu nehmen. Glücklicherweise ist das keine große Sache – man kann sie jederzeit am nächsten Tag umtauschen.

》》Wie man Hunden beibringt zu kommen, wenn man ihren Namen ruft, so müssen finnische Eltern dasselbe mit ihren Nachkommen tun.

Exzentrik

Die Finnen lieben ihre Exzentrik von ganzem Herzen. Das mag wie ein Widerspruch klingen, wenn man bedenkt, wie wichtig es ihnen ist, sich nicht von der Masse abzuheben. Wenn allerdings die gesamte Nation exzentrisch ist, fällt es leicht, sich anzupassen. Es gab bereits zahlreiche eigentümliche Ideen, die das Land im Sturm erobert haben. In den 1990er Jahren gab es zum Beispiel den Drang, *antennipipo* zu tragen – Häkelkappen mit einem antennenähnlichen Anhängsel darauf. Warum? Weil sie lustig aussahen. Ende des 20. Jahrhunderts waren es nicht nur ehrgeizige Skifahrer und demente Omas, die im Sommer mit Skistöcken in den Händen, aber ohne Skier an den Füßen herumliefen: das Nordic Walking war in Mode gekommen.

>> **Den Finnen ist bewusst, dass sie ein wenig ungewöhnlich sind. Sie sind stolz darauf.**

Den Finnen ist bewusst, dass sie ein wenig ungewöhnlich sind. Sie sind stolz darauf. Wenn man auf dem Dorf lebt, ist eine der höchsten Ehrungen, die man erreichen kann, Dorftrottel genannt zu werden. Nicht, weil es bedeuten würde, dass man ein Dummkopf ist, sondern als Würdigung des Beitrags zur lokalen Gemeinschaft.

Autofahren

Finnland ist bekannt für seine Formel-1- und Rallyefahrer: Häkkinen, Räikkönen, Bottas, Kovalainen, Rosberg, Salo, Kankkunen, Vatanen, Mäkinen, Grönholm, Alén. „Willst du gewinnen, brauchst du einen Finnen" ist ein gebräuchliches

Sprichwort im Motorsport. Ausländer führen den erstaunlichen Erfolg der Finnen auf deren Umwelt und die Mentalität der Nation zurück. Finnen lernen, auf unbefestigten Straßen und Eis zu fahren – im Gegensatz zu Asphalt und Temposchwellen – sobald sie groß genug sind, die Pedale zu erreichen. Im frühen Teenageralter leihen sie sich die Traktoren und Rostlauben ihrer Väter und rasen über Kartoffelfelder und gefrorene Seen. Wenn sie dann endlich ihren Führerschein erhalten, haben sie bereits die elementaren finnischen Charaktereigenschaften verinnerlicht und fahren halsbrecherisch genug, um die kurvenreichen

>> **Ausländer führen den erstaunlichen Erfolg der Finnen im Motorsport auf deren Umwelt und die Mentalität der Nation zurück.**

Landstraßen in rasantem Tempo zu meistern. *Sisu* verleiht ihnen den entscheidenden Vorteil im Wettkampf, indem es sie unter Druck (z.B. im Angesicht des Todes) ruhig und entschlossen macht. Jeder Fahrer muss auf das Unerwartete vorbereitet sein. Der Staat hat Millionen für den Bau von Unterführungen für Elche ausgegeben – was die Elche allerdings, vor allem in der Brunftzeit, herzlich wenig interessiert. Elche sind nach Alkohol die häufigste Ursache für Verkehrsunfälle in Finnland.

All diese Faktoren spielen zweifellos eine Rolle für das Heranwachsen wachsamer und schneller Fahrer, aber es gibt einen noch wesentlicheren Grund für den finnischen Erfolg. Im Laufe der Jahre hat das Darwin'sche Prinzip *Heikot sortuu elon tiellä, jätkät senkun porskuttaa* („Die Schwachen fallen während ihrer Lebensreise, die Harten machen einfach weiter") seinen Dienst getan: Diejenigen, die nicht in der Lage waren, eisige Straßen in der Dunkelheit mit Höchstgeschwindigkeit zu meistern und dabei einem Elch auszuweichen, wurden durch natürliche Selektion einfach aus dem Verkehr gezogen.

Sinn für Humor

Nur das versehentliche Zucken der Augen- und Mundwinkel zeigt die innere Heiterkeit der Finnen. Ausdruckslose finnische Gesichter haben schon so manchen Comedian verwirrt, der zunächst davon ausgegangen war, dass sein Auftritt ein Misserfolg war, nur um am nächsten Tag Lobeshymnen in der Presse zu entdecken.

》 Der finnische Humor ist trocken, zynisch, frech und selbstironisch.

Der finnische Humor ist witzig, trocken, zynisch, frech und selbstironisch. Die Finnen lieben Situationskomik und Wortspiele. Außer bei Witzen über die Schweden. Die können noch so lahm sein, sie sind trotzdem zum Schreien komisch, z.B.:

„Warum trinken die Schweden keinen Tee?"
  – „Weil ihnen die Teebeutel im Hals stecken bleiben."

In den seltensten Fällen wird die Gelegenheit zu einer spitzen Bemerkung verpasst:

Esko und Paavo unterhalten sich über die Ansprachen, die sie während ihrer Wahlkampagne gehalten haben. „Und, was hast du gesagt?" fragt Esko. – „Nichts." – „Weiß ich, aber wie hast du es formuliert?"

Sie tun sich besonders bei der Übertreibung ihres eigenen stereotypen Verhaltens hervor, etwa ihrer Zurückhaltung:

> Zwei Finnen gehen auf der Straße aneinander vorbei. Einer murmelt: „Schöner Tag heute!"
>
> Der andere antwortet: „Kein Grund, so ein Tamtam deswegen zu machen."

Auch die Tatsache, dass Alkohol in ihrem Leben eine so wichtige Rolle spielt, ist Gegenstand von Witzen:

> Es gibt ein tolles Spiel für Finnen, das auf zwei Levels gespielt werden kann: normal und fortgeschritten.
>
> Normal: Drei Finnen gehen in die Sauna, jeder mit einem halben Liter Kossu (Finnlands berühmter Koskenkorva-Schnaps). Sie trinken den Schnaps, dann geht einer der Männer nach draußen. Die anderen beiden müssen raten, wer rausgegangen ist …
>
> Fortgeschritten: Zwei Finnen gehen in die Sauna, jeder mit einem Liter Kossu. Sie trinken den Schnaps, einer geht nach draußen. Der andere muss raten, wer rausgegangen ist.

Weitere wichtige Themen für Witze sind *sisu* und der ausgeprägte Stoizismus, was durch dieses Beispiel veranschaulicht wird:

Es ist das Jahr 1939 und zwei finnische Fußsoldaten stecken in einer Schlacht zwischen Finnland und Russland fest. „Wir sind zahlenmäßig unterlegen", sagt einer der Soldaten. „Das sind bestimmt vierzig Mann und wir sind nur zu zweit." – „Du lieber Himmel!", ruft da der andere, „da sind wir ja den ganzen Tag beschäftigt, wenn wir die alle beerdigen wollen!"

Freizeitvergnügen

Die Freizeitaktivitäten der Finnen werden durch die Jahreszeiten bestimmt. Im Winter ist es ziemlich verlockend, schläfrig auf der Couch zu liegen und fernzusehen. Zahlreiche Abendkurse versuchen jedoch, die nationale Schlummerspirale zu durchbrechen, indem sie neue Fertigkeiten wie Bauchtanz, Eiskunst, das Wechseln von Autoreifen oder die Herstellung von Einkaufstaschen aus gebrauchten Kaffeeverpackungen vermitteln. Auch das Erlernen einer neuen Sprache ist weit verbreitet, da die Finnen ihre Kommunikation mit Ausländern sowohl bei der Arbeit als auch in ihren Winterferien in sonnigeren Gefilden verbessern wollen. Aus diesem Grund können viele Finnen in mehreren Sprachen fließend schweigen.

Mit Beginn des Tauwetters fühlen sich die Bürger nicht mehr von der Last des Winters

》 Zahlreiche Abendkurse versuchen in Finnland, die nationale Schlummerspirale zu durchbrechen, indem sie neue Fertigkeiten vermitteln.

eingeengt. Es beginnen hektische Sommeraktivitäten, da die bipolare Nation nun in die manische Phase verfällt. Sie tollen über die jährliche Hausbaumesse, fahren zum Volksmusikfestival in Kaustinen oder zum Opernfestival in Savonlinna. Auf dem Mitternachtssonnen-Filmfestival in Lappland wird die neueste Filmkunst erkundet, danach geht es zur Wanderung auf der 80 Kilometer langen Wanderroute Karhunkierros (Bärenrunde) in Kuusamo im Nordosten. Die bei Abendkursen erworbenen Tanzkenntnisse im Gesellschaftstanz werden beim jährlichen Tangomarkkinat, dem ältesten Tangofestival der Welt, umgesetzt. Wenn die Teilnehmer allerdings erst einmal entsprechend vorgeglüht haben, um ihre angeborene Schüchternheit zu überwinden, macht es eigentlich keinen Unterschied mehr, ob sie Tangotanzen in einem Kurs im Winter erlernt haben oder nicht.

>> **Obwohl der Tango in Finnland heimisch geworden ist, sind die Finnen beim Tanzen von Humppa in ihrem eigentlichen Element.**

Obwohl der Tango erstaunlicherweise in Finnland heimisch geworden ist, sind die Finnen beim Tanzen von Humppa in ihrem eigentlichen Element. Humppa ist eine Art Quickstep-Walzer. Wenn die Humppa-Tänzerinnen und -Tänzer auf der Tanzfläche stampfen und wirbeln, scheinen sie die bäuerlichen Ursprünge der vergangenen Jahrhunderte mit einem geheimen Drang zur Selbstdarstellung zu verbinden, um die Kälte, den Schnee, die Entfernungen und die Isolation zu kompensieren. Es gehört mehr als ein bisschen *sisu* zum Samstagnacht-Fieber der Finnen.

Sport

Der jahreszeitliche Wechsel hat keinen Einfluss auf die Liebe der Finnen zum Sport. Sie verfolgen ihn das ganze Jahr über begeistert im Fernsehen. Wenn es darum geht, tatsächlich selbst Sport zu treiben, sind Wandern, Radfahren und Schwimmen am beliebtesten. Im Sommer ist der südwestliche Archipel ein beliebter Anziehungspunkt für finnische und schwedische Touristen, so dass Hunderte von Kilometern asphaltierter Straßen auf die unzähligen kleinen Inseln gezwängt wurden. Im Winter geben sich die Finnen nicht

》Der jahreszeitliche Wechsel hat keinen Einfluss auf die Liebe der Finnen zum Sport.

damit zufrieden, auf einem Heimtrainer zu radeln, in einem Schwimmbad zu planschen oder in der Halle Golf zu spielen. Stattdessen kaufen sie Winterreifen mit Spikes für ihre Fahrräder, schwimmen in eisigen Seen und üben ihren Abschlag auf dem „White" (Fairway aus Eis).

Neben ihren Leidenschaften Skispringen und Eishockey (obwohl *pesäpallo*, finnischer Baseball, der Nationalsport ist), haben die Finnen eine besondere Affinität zum Langlauf. Als Finnland 1939–40 den Winterkrieg gegen Russland führte, mussten die Männer, die zum Dienst an die Front gerufen wurden, ihre eigene Unterwäsche, ihre eigenen Schuhe und ihre eigenen Langlaufski mitbringen. Es bestand nie ein Zweifel, dass jeder welche zu Hause hatte.

Zurück zur Natur

Die Liebe zur und der Respekt vor der Natur geht bei den Finnen so weit, dass die meisten Familiennamen aus Begriffen aus der Natur gebildet wurden: Bach, See, Wald, Stein, Birke, Kiefer, Bär, Specht und viele andere. Die Faszination für Mutter Erde und die freie Natur kommt daher, dass die meisten Menschen in ländlichen Gegenden aufgewachsen sind, auch wenn sie derzeit in Städten leben. (Abgesehen davon, dass die Städte nicht wirklich groß sind: Helsinki ist die größte und die eigentliche Stadt hat weniger als 650.000 Einwohner.)

>> **Viele Finnen sehnen sich danach, zu ihren Ursprüngen zurückzukehren.**

Viele sehnen sich danach, zu ihren Ursprüngen zurückzukehren und die Freiheit ihrer Kindheit und wilden Jugend wiederzuerlangen. Die älteren Generationen erinnern sich daran, wie sie früher auf den Seen Schlittschuh liefen, während der Erntezeit auf Heuhaufen in Scheunen sprangen und ihre ersten Küsse hinter Milchkannen austauschten. Die Tatsache, dass sie ihren Eltern auch dabei helfen mussten, Steine aus den Feldern zu buddeln, die Kühe um fünf Uhr morgens von Hand zu melken und in der Dunkelheit der eisigen Wintermonate 10 Kilometer auf Skiern zur Schule fahren mussten, scheint ihre nostalgischen Gefühle nicht zu schmälern. Auch wenn es bedeutet, an einem Wochenende 1100 Kilometer zum Beispiel von Helsinki nach Nordlappland und wieder zurückzufahren: Die wenigen Stunden in einer Blockhütte inmitten von duftenden Kiefern, der nächtliche Sonnenschein und das Gefühl von Weite ohne jemand anderen in der Nähe wiegen kleine Unannehmlichkeiten wie eine Gesamtreisezeit von 28 Stunden und die fiesen Stiche der lappländischen Mücken wieder auf.

》》 Die Finnen glauben, dass es das Grundrecht eines jeden Menschen ist, sich überall frei und kostenlos bewegen zu dürfen.

Die Finnen glauben, dass es das Grundrecht eines jeden Menschen ist, sich überall frei und kostenlos auf dem Land, in Wäldern und an Seeufern ohne Zustimmung der Eigentümer bewegen zu dürfen. Dieser Glaube hat sich im sogenannten Jedermannsrecht niedergeschlagen. Vorausgesetzt, man verursacht keine Schäden oder stört andere Menschen und Tiere, kann man die natürliche Umgebung als Fitnessstudio, Hotel und Speisekammer nutzen.

Wanderer in der Wildnis haben Zugang zu kleinen Holzhütten (mit einem Steinkreis für Grillabende), die von der staatlichen Forstverwaltung als Unterschlupf für Skifahrer im Winter und für Wanderer im Sommer unterhalten werden. Erreicht man eine Hütte, die bereits voll belegt ist, so muss die Person weiterziehen, die sich dort bereits am längsten aufgehalten hat.

Essen & Trinken

Die Finnen mögen mindestens zwei warme Mahlzeiten pro Tag. Und wenn sie sich nach dem Aufstehen und vor dem Schlafengehen auch noch mit Haferbrei vollstopfen, sind es insgesamt sogar vier. Erlebt man einmal den finnischen Winter,

>> **Erlebt man einmal den finnischen Winter, sehnt sich der Körper nach warmem Essen.**

sehnt sich der Körper von Kopf bis Fuß nach warmem Essen. Außerdem sehnt er sich nach Seelennahrung.

Obwohl die meisten Leute mehr oder weniger das gleiche essen, was in anderen westlichen Nationen auch üblich ist, sind die unverwechselbaren finnischen Vorlieben keinesfalls verschwunden. Das Frühstück besteht aus Tee oder Kaffee, Brötchen oder Knäckebrot, Käse und Wurst (aber keinen süßen Brotaufstrichen) und gelegentlich auch *viili*. *Viili* ist eine joghurtartige Substanz mit der Konsistenz von elastischem Gelee. Früher, als es noch in großen Holzeimern statt in Plastikbechern verkauft wurde, musste man sich seine Portion mit einer Schere abschneiden.

Roggenbrot und ein Glas kalte Milch sind feste Bestandteile jeder Mahlzeit, so dass man zum Beispiel einen Big Mac im Sauerteig-Roggenbrötchen bekommt und ihn mit Milch herunterspülen kann. Döner Kebab wird mit einer speziellen Chilisauce für den faden finnischen Gaumen serviert – nämlich ohne Chili.

Saisonale Produkte sind in Finnland von großer Bedeutung: Man ist der Ansicht, dass alle Lebensmittel dann gegessen werden sollten, wenn sie am frischesten sind. Also gibt es im Frühsommer neue Kartoffeln mit Hering, im Spätsommer wilde Beeren, Flusskrebse im August und Waldpilze und Wild im Herbst.

Auch die gehobene Küche spiegelt dies wider. Als der französische Präsident mit dem finnischen Präsidenten speiste, bestand das Menü aus Morchel- und Moorhuhnsuppe, Saiblingsterrine und kalt geräucherter Äsche, Rentierkitz und einem

>> **Die richtige Zeit für Würstchen und Bier ist immer nach der Sauna und Fleischpiroggen schmecken am besten auf dem Heimweg vom Nachtclub.**

Soufflé aus finnischem Honig, Preiselbeeren und Eiscreme.

Die richtige Zeit für Würstchen und Bier ist immer nach der Sauna und Fleischpiroggen schmecken am besten auf dem Heimweg vom Nachtclub. Donnerstag ist der traditionelle Tag für Erbsensuppe und gebackene Pfannkuchen. Karelisches Ragout (ein herzhafter Eintopf mit zwei Fleischsorten), Fleischbällchen und angebratenes Rentierfleisch genießt man das ganze Jahr über. Ebenso Eiscreme – auch im Winter. Ausländer fragen sich oft, warum die Finnen im Winter unbedingt etwas Kaltes essen müssen, aber den Finnen ist nun einmal bewusst, dass Opfer gebracht werden müssen, um den Spitzenplatz im europäischen Eiskonsum halten zu können (14 Liter pro Person und Jahr).

Salmiakki, Salzlakritz (das seinen unverwechselbaren Geschmack von einem Mineral aus Vulkanstein erhält), ist eine finnische Leidenschaft. Die Finnen sind so begeistert von dem Zeug, dass sie die Vereinigung der Salzlakritz-Liebhaber gegründet haben, deren Mitglieder über Facebook miteinander in Kontakt bleiben.

Es reicht nicht aus, *salmiakki* pur zu genießen. Gastronomisch Versierte kaufen Schweinekoteletts mit *salmiakki*-Geschmack oder bereiten ihre eigene *salmiakki*-Marinade für die Grillsaison zu. Der Streit um die Überlegenheit von *salmiakki* gegenüber Schokolade und umgekehrt existiert nicht mehr, da die beiden mittlerweile verschmolzen wurden – zu einem *salmiakki*-Schokoriegel. *Salmiakki*-Eis, das mit *salmiakki*-Wodka heruntergespült wird, stellt heutzutage das Freitagabendessen von jungen Finnen dar.

Der frühe Vogel ...

Die Finnen sind lieber zu früh, als eine Verspätung zu riskieren. Mahlzeiten sind da keine Ausnahme. Bis die Menschen im Mittelmeerraum aus dem Schlummer erwacht sind, haben die Finnen schon ihren morgendlichen Haferbrei oder ihr Sandwich und eine Tasse Kaffee konsumiert, bevor sie sich auf

> **》 Die Finnen sind lieber zu früh, als eine Verspätung zu riskieren.**

den Weg zur Arbeit gemacht haben. Dort haben sie bei der Ankunft am Arbeitsplatz einen weiteren Kaffee und möglicherweise eine Zimtschnecke zu sich genommen und bereits um 10.30 Uhr ihr Mittagessen in der Kantine gegessen. Der Nachmittagskaffee mit noch mehr Zimtschnecken und Kuchen findet um 13 Uhr statt. Zwischen 16.30 und 18 Uhr gibt es Abendessen und gegen 20 Uhr wird ein leichter Abendsnack serviert, um mögliche Hungergefühle in der Nacht abzuwenden.

Kaffee

Beim Kaffeekonsum sind die Finnen führend in der Welt. Statistisch gesehen trinkt jeder etwa 9 Tassen pro Tag. Darüber hinaus ist der traditionelle finnische Kaffee, obwohl nur leicht geröstet, so konzentriert, dass ein Löffel aufrecht in der Tasse stehenbleibt. Man wird nicht als Erwachsener angesehen, bis man anfängt, Kaffee zu trinken. Diese Substanz ist für die finnische Lebensart so wichtig, dass die Menschen sogar bereit sind, ihre Abneigung gegen überfüllte Supermärkte zu überwinden, wenn Kaffee im Sonderangebot ist.

> **» Der traditionelle finnische Kaffee ist so konzentriert, dass ein Löffel aufrecht in der Tasse stehenbleibt.**

Kippis!

Die Finnen sagen *Kippis!* („Prost!"), wenn sie ihre Gläser erheben. Oder ihre Flaschen, je nachdem, wie es gerade kommt. Ihre Vorstellung vom geselligen Trinken ist nicht vergleichbar mit der von Franzosen oder Spaniern, die beim Essen auf kultivierte Art und Weise guten Wein trinken. Gesellschaftliches Trinken im finnischen Sinne heißt, sich völlig zu besaufen, um einen kurzen Zustand der Glückseligkeit zu erreichen.

Die Finnen sind der Ansicht: Je stärker und billiger der Alkohol, desto besser. Bier wird daher nicht wirklich als Alkohol klassifiziert. Die Tatsache, dass man es außerhalb der Alkoholläden in einem Supermarkt kaufen kann, beweist dies: Der Staat würde niemals ein Rauschmittel für jedermann zugänglich machen. Es dient lediglich als Durstlöscher nach einem harten Arbeitstag.

>> **Die Finnen sind der Ansicht: Je stärker und billiger der Alkohol, desto besser.**

Gesundheit & Hygiene

In den 1970er Jahren waren die Finnen eine der ungesundesten Nationen der Welt. Ihr Lebensstil beinhaltete quasi jeden erdenklichen Risikofaktor für Herzerkrankungen. Um zu verhindern, dass die Bevölkerung ausstirbt, initiierte der Staat große Aufklärungskampagnen. Sie brachten die Menschen dazu, sich auf Skiern, auf Kufen und zu Fuß in der freien Natur zu bewegen. Sie ließen auch die heimische Lebensmittelindustrie gesunde Nahrungsmittel produzieren. In den 1990er Jahren wurden die Benecol-Produkte erfunden, cholesterinsenkende Lebensmittel, um die Arterien der Bevölkerung zu entschlacken. Sogar heute noch ist es schwierig, vollfette Milchprodukte in Supermärkten zu finden.

Die gehorsamen Finnen nahmen die Veränderungen gerne an. Infolgedessen verabschiedeten sie sich von Herz-Kreislauf-Erkrankungen als führender Todesursache – und hießen Alkohol als neue Nummer eins willkommen. Man kann doch nicht ernsthaft erwarten, dass man nur Kaninchenfutter isst, jeden Tag zwei Stunden joggt und dann nicht auf das Erreichte anstößt?

Heutzutage werden Naturheilmittel zwar mit einem gewissen Misstrauen betrachtet, aber das war nicht immer der Fall. Zum Beispiel benutzten die Einwohner Lapplands schon Jahrhunderte vor der Erfindung von Viagra Rentiergeweihpulver, um Männern zu helfen, deren Steifheit sich auf ihr Verhalten beschränkte. Ist man geneigt, dieses Mittel auszuprobieren,

» Die Finnen verabschiedeten sich von Herz-Kreislauf-Erkrankungen als führende Todesursache – und hießen Alkohol als neue Nummer eins willkommen.

sollte man auf jeden Fall bedenken, dass es überaus wirkungsvoll ist. Eine Überdosierung sollte vermieden werden, da es sein kann, dass man bis hinauf zum Nacken vollständig durchhärtet. Aufbrühen sollte man es besser auch nicht. Die Zubereitung ruiniert die Teekanne, indem sie ihren geschwungenen Ausguss aufrichtet.

Kaugummi für Zahnfleisch und Bauch

Die Zähne des Landes waren ein weiteres Ziel der Aufklärungskampagnen im Bereich der öffentlichen Gesundheit. Die Verwendung von Xylitol, einem natürlichen Süßstoff aus Birkensaft und Nebenprodukt der finnischen Papierindustrie, ist nach wie vor eine Besonderheit in der täglichen Zahnpflege: Nach jeder Mahlzeit verzerren sich die Gesichter der Erwachsenen durch das entschlossene Kauen von Xylitol-Kaugummi und die Kinderwangen werden durch das intensive Lutschen von Xylitoltabletten nach innen gesogen.

Der einzige Nachteil von Xylitol ist seine abführende Wirkung bei übermäßigem Verzehr. Da 20 % der Bevölkerung eine Laktoseintoleranz aufweisen und folglich an Magenverstimmungen leiden, ist zusätzliches Xylitol in der Ernährung nicht gerade sinnvoll, obwohl

>> **Die finnischen Mediziner vertrauen auf das sisu des Patienten als Schmerzbewältigungstechnik.**

die Molkereiindustrie alle möglichen Arten von laktosefreien Milchprodukten herstellt, um gegen den Durchfall anzukämpfen. Vielleicht ist das der wahre Grund, weshalb sich neben jeder finnischen Toilette, auch den öffentlichen, eine Handbrause befindet.

Vorbeugen ist besser als Heilen

Egal, um welche Beschwerden es sich handelt, ein Besuch in der örtlichen Poliklinik wird den Hausarzt dazu veranlassen, eine spontane und gründliche Untersuchung durchzuführen. Die Finnen halten das für eine gute Sache. Man möchte etwas Bösartiges nicht erst dann entdecken, wenn es zu spät ist. Vor allem aber möchte man nicht riskieren, die Schmerzbewältigungstechniken der finnischen Mediziner zu erleben: nämlich deren Vertrauen in das *sisu* der Patienten, anstatt entsprechende Medikamente bereitzustellen.

Sauberkeit

Die Finnen sind der Meinung, dass es nicht möglich ist, richtig sauber zu werden, ohne in der Sauna geschwitzt zu haben. Selbst öffentliche Schwimmbäder haben strenge Hygienevorschriften: Zuerst wäscht man sich die Füße mit einer antibakteriellen Lösung, dann duscht und schrubbt man sich mit Seife, geht in die Sauna, um noch mehr Schmutz wegzuschwitzen, wäscht sich erneut und ist erst dann ausreichend

》》 Finnische Häuser sind der Inbegriff der nationalen Fixierung auf Sauberkeit.

sauber, um in das Schwimmbad eintauchen zu dürfen. Wenn man zurückkommt, wiederholt man den Vorgang, ohne dabei zu vergessen, wie wichtig es ist, auch den Badeanzug gründlich zu waschen. Das erklärt, warum Wildschwimmen in Finnland so beliebt ist: Es geht schneller, ein Loch ins Eis zu schlagen, als die Hygienevorschriften im Schwimmbad zu befolgen.

Finnische Häuser sind der Inbegriff der nationalen Fixierung auf Sauberkeit. Sie verfügen bevorzugt über Holzböden und antiallergische Teppiche, die mindestens einmal pro Woche pflichtbewusst nach draußen gebracht und an eigens dafür konstruierten Metallrahmen aufgehängt werden. Dort erhalten sie eine ordentliche Tracht Prügel. Auch das Bettzeug wird gelüftet, um die Staubmilben vom Frost abtöten zu lassen. Infolgedessen sind die finnischen Haushalte blitzsauber – und jeder ist gegen irgendetwas allergisch, weil niemand Abwehrkräfte entwickelt hat.

Brauchtum & Tradition

Frühlingsfest

Alle Nationalfeiertage in Finnland sind legitime Ausreden, um sich zu betrinken. Ostern ist, wegen seines starken religiösen Hintergrunds und der Tatsache, dass die Alkoholläden vier volle Tage lang geschlossen sind, das nüchternste von allen. Die Menschen verbringen das lange Wochenende damit, Lammbraten und *Mämmi* zu essen. *Mämmi* ist der finnische Osterpudding aus Wasser und gesüßtem Roggen-

>> **Alle Nationalfeiertage in Finnland sind legitime Ausreden, um sich zu betrinken.**

malz – ähnlich einem dunkelbraunen, dicken Haferbrei, den außer den Finnen nur wenige mögen.

Nur die heidnischen Bräuche hellen die Stimmung zu Ostern ein wenig auf. Die Kinder sammeln Weidenäste und schmücken sie mit bunten Bändern, Seidenpapier und Federn. Dann verkleiden sie sich als Hexen und besuchen ihre Verwandten und Nachbarn. Sobald die Tür geöffnet wird, beginnen die finnischen Kinder, mit ihren geschmückten Zweigen auf die Erwachsenen einzuschlagen und rezitieren dabei Gedichte als Glücksbringer – die natürlich nur dann ihre Kraft entfalten, wenn sie als Gegenleistung Schokoladeneier erhalten.

Vappu am 1. Mai ist ein karnevalartiges Fest, das die Ankunft des Frühlings markiert. Am Vorabend von *Vappu* (der Walpurgisnacht) feiern die Menschen in den Innenstädten mit weißen College-Abschlusskappen auf dem Kopf, Luftschlangen um den Hals, Luftballons in der einen und einem Glas Sekt oder hausgemachten Met in der anderen Hand. Am nächsten Tag sitzt man dann in einem Park auf nassem Gras und picknickt Kartoffelsalat, Würstchen, Donuts und frittiertes Gebäck.

Mittsommer

Zu *Juhannus* oder dem Mittsommerfest kann man eine Massenflucht von Stadtbewohnern in ihre Sommerhäuser beobachten, um am Lagerfeuer an einem Seeufer oder am Meer zu feiern. Dieses Fest der „nachtlosen Nacht" wird so intensiv gefeiert, dass es länger dauert als sonst, bis man sich wieder davon erholt hat. (Die

>> **Zum Mittsommerfest kann man eine Massenflucht der Finnen in ihre Sommerhäuser beobachten.**

Tatsache, dass die meisten Menschen ihre Sommerferien direkt nach *Juhannus* verbringen, hängt möglicherweise damit zusammen.) Und manche erholen sich nie. Das sind in der Regel Männer, die beschließen, ein wenig um den See zu rudern und unweigerlich den Drang verspüren, aufzustehen und zu pinkeln. Meist findet man sie am nächsten Tag ertrunken mit offenem Hosenschlitz.

Winter

Dann kommen die dunklen Tage, an denen der Finne zunächst eine kurze Reise durch Lappland unternimmt, um *ruska,* d.h. die Gold- und Rottöne der welkenden Blätter, zu bewundern, bevor er sich dann auf den Weg macht, um zwei

Wochen am Strand von Torremolinos zu liegen und den gleichen Rotwein zu trinken, den es im Restaurant zu Hause gibt, bloß für ein Viertel des Preises.

Ein großes Ereignis ist der Unabhängigkeitstag am 6. Dezember. Die Finnen nehmen ihre Unabhängigkeit sehr ernst. Sie stellen zwei blau-weiße Kerzen in jedes Fenster und schauen sich den Unabhängigkeitsempfang des Präsidenten im Fernsehen an. Das Programm dauert Stunden und besteht hauptsächlich aus Prominenten der finnischen Gesellschaft, die dem Präsidenten die Hand schütteln. Obwohl absolut nichts Nennenswertes passiert, ist es das beliebteste Programm des Jahres.

>> **Das Land badet an Heiligabend in der Sauna, um sich auf das opulente Weihnachtsessen vorzubereiten.**

Heiligabend ist der Höhepunkt der finnischen Weihnachtszeit. Das Land badet in der Sauna, um sich auf ein Weihnachtsessen mit Schinken, gebeiztem Lachs, Kartoffeln und verschiedenen Eintöpfen aus Karotten, Kohl und Leber, gefolgt von Reispudding, vorzubereiten. Später am Abend müssen die Kinder dem Weihnachtsmann, der einen Besuch abstattet, ein Lied singen, damit sie ihre Geschenke bekommen.

Der finnische Weihnachtsmann hat seinen Ursprung im heidnischen Erntefest, wo sich ein Mann als Fruchtbarkeitsfigur verkleidete und in einem Kostüm mit Hörnern, einer Maske aus Birkenrinde und einer auf links gedrehten Schaf-Felljacke erschien. Noch Anfang der 1980er Jahre war es für den Weihnachtsmann üblich, in diesem Aufzug zu erscheinen. Das finnische Wort für Weihnachtsmann spiegelt diese Tradition wider: *Joulupukki* heißt wörtlich „Weihnachtsziege".

Das neue Jahr wird von einem Feuerwerk eingeläutet. Während andere Nationen beim Läuten der Uhr um Mitternacht ihre Gläser erheben, haben viele Finnen ihre Gläser bereits so oft erhoben, dass sie den Jahreswechsel gar nicht mehr mitbekommen.

Kultur

Über die Hälfte der finnischen Bevölkerung leiht sich regelmäßig Bücher aus öffentlichen Bibliotheken aus. Dies zeugt nicht nur von ihrer Liebe zu Büchern, sondern auch von den exorbitanten finnischen Buchpreisen. Die Tageszeitung wird an jedem Frühstückstisch begierig konsumiert. Es ist wichtig, sich auf den Tag im Büro vorzubereiten, denn wenn man sich in einer Situation wiederfindet, in der sich ein Gespräch nicht vermeiden lässt, hat man wenigstens etwas Interessantes zu erzählen.

Das Kalevala ist das finnische Nationalepos. Dabei handelt es sich um eine Gedichtsammlung aus dem 19. Jahrhundert, die auf der karelischen und finnischen Mythologie und mündlichen Tradition basiert und alle Zutaten einer großartigen Geschichte enthält: schamanistische Reisen, unerwiderte Liebe, magischer Gesang, der im Kampf mächtiger ist als Gewalt, Sklaverei, die Schaffung einer Maschine, die ihren Besitzern Vermögen bringt, Anweisungen zum Bierbrauen, Schwangerschaft durch den Konsum einer Preiselbeere und natürlich diverse Selbstmorde.

>> **Über die Hälfte der finnischen Bevölkerung leiht sich regelmäßig Bücher aus öffentlichen Bibliotheken aus.**

Das Kalevala wurde von Elias Lönnrot zusammengetragen, der über einen Zeitraum von 15 Jahren elf Reisen durch Ostfinnland unternahm, um alte Sagen und Überlieferungen aufzuzeichnen. Ein vielseitiger Mann, der auch als Schneider und Arzt arbeitete und nach getaner Arbeit in seiner Freizeit so ausgelassen feierte, dass er für seine Affären und seinen fröhlichen Genuss von Alkohol bekannt wurde – bis er beschloss, nüchtern zu werden und die erste finnische Abstinenzgesellschaft, den „Club der klaren Köpfe", zu gründen. Die Aufnahme einer Anleitung zum Bierbrauen in das Kalevala fand allerdings mehr Zuspruch als sein Club.

Obwohl das Kalevala viele ausländische Fantasy-Autoren inspirierte, darunter J.R.R. Tolkien, sind die wahrscheinlich berühmtesten Figuren aus der finnischen Literatur Tove Janssons Mumins *(Muumi)*: melancholische, weiße Trolle, die an Flusspferde auf zwei Beinen erinnern. Sie führen ein eher unkonventionelles Leben und denken über die Welt im Allgemeinen nach, während sie ihre Abenteuer im Mumin-Tal erleben.

>> **Finnische Kinder wachsen mit der tiefen Weisheit der berühmtesten Figuren der finnischen Literatur, den Mumins, auf.**

Finnische Kinder wachsen mit der tiefen Weisheit der Mumins auf. Sie machen den Kindern bewusst, dass man nur einmal lebt. Das Buch plädiert für die Rückkehr zur Natur und warnt, dass der Besitz von Dingen immer wieder zu Problemen führt – und zu Koffern, die man mit sich herumschleppen muss. Es gibt auch Ratschläge, wie man zwischen guten und schlechten Menschen unterscheidet:

„Leute, die Pfannkuchen mit Marmelade essen, können nicht allzu gefährlich sein."

Musik

Ein Großteil der finnischen Musik hat melancholische Untertöne. Die Kompositionen von Jean Sibelius spiegeln den unbezwingbaren Geist der Nation und ihr Leiden unter russischer Herrschaft wider. „Trauer ist die Quelle des Gesangs", schrieb Elias Lönnrot vor 150 Jahren. Das gilt auch heute noch für die aktuellen Musiktrends: Je trostloser die Melodie und die Texte, desto besser die Verkaufszahlen.

Es überrascht daher nicht, dass Finnland zum Mekka für Metal- und Hard-Rock-Fans auf der ganzen Welt geworden ist. Es gibt zahlreiche Bands zur Auswahl mit Namen wie Nightwish, Children of Bodom, Wintersun oder Finntroll. Selbst eine Gruppe klassisch ausgebildeter Cellisten namens Apocalyptica spielt Hard Rock mit

> ❯❯ Es überrascht nicht, dass Finnland zum Mekka für Metal- und Hard-Rock-Fans auf der ganzen Welt geworden ist.

nackter Brust und Lederhosen, während ihr langes Haar rhythmisch durch die Luft peitscht.

Der einzige finnische Beitrag, der jemals den Eurovision Song Contest gewonnen hat, war Lordi im Jahr 2006. Diese Gruppe von Monstern, die für ihre gefährliche Pyrotechnik bekannt ist, schlug nicht nur die Schweden, sondern erhielt zudem von ihren Nachbarn in Anerkennung ihrer Überlegenheit die vollen 12 Punkte. Kein schlechter Tag für die Finnen.

Viele älteren Finnen sind große Fans von Tangomusik – nicht so sehr des argentinischen Tangos, sondern der finnischen Variante. Argentinische Tangos sind viel zu fröhlich für die Finnen, die ihre Tangos wiederum in Moll und mit Texten über zerstörte Hoffnungen und die Sehnsucht nach einem unerreichbaren Land des Glücks bevorzugen.

Aber die Musik in Finnland ist nicht ausschließlich düster. Ausnahmen finden sich bei den *iskelmät,* also leichten Pop-songs. Wer zufällig eines der „Finnhits"-Alben der 1970er Jahre in die Hände bekommt, wird feststellen, dass diese Sammelwerke verschiedener Künstler durchaus fröhliche Stücke enthalten. Das liegt daran, dass viele der Songs nicht finnischer Herkunft sind: Es handelt sich vielmehr um finnische Interpretationen internationaler Hits.

Architektur

Die meisten finnischen Gebäude wurden nach dem Zweiten Weltkrieg errichtet. Am bekanntesten sind die Werke von Alvar Aalto, obwohl man sagt, dass Finnland im Verhältnis zur Gesamtbevölkerung mehr großartige Architekten vom Kaliber eines Alvar Aalto hat als jedes andere Land der Welt.

Aaltos Finlandia-Halle, Helsinkis renommiertester Konzertsaal, ist typisch für die Faszination der Finnen für asymmetrische Formen und Funktionalis-

》 Man sagt, dass Finnland im Verhältnis zur Gesamtbevölkerung mehr großartige Architekten als jedes andere Land der Welt hat.

mus. Wie die italienischen Pendolino-Züge, die der Staat in den 1990er Jahren in Finnland eingeführt hat, sind die italienischen Marmorplatten an der Außenseite des Gebäudes allerdings nicht in der Lage, den finnischen Wintern stand-zuhalten. Anstatt eine Alternative zu finden, halten es die

Behörden für völlig in Ordnung, das Geld der Steuerzahler für die Finanzierung des Austauschs der Platten an dem Gebäude auszugeben und die fehlerhaften Züge immer wieder zu reparieren.

Am anderen Ende des architektonischen Spektrums stehen die vorstädtischen Betonwohnblöcke, die in Gruppen um die Städte herum angeordnet sind – schnell und ohne ästhetische Überlegungen erbaut. In deren Zentrum befindet sich immer ein sogenannter *ostari,* ein kleiner Einkaufsbereich mit den wichtigsten Dienstleistungen: ein paar Geschäfte, eine Bank, ein Burger-Kiosk und ein Lokal. Die größten *ostaris* haben mit etwas Glück sogar einen Alkoholladen. Trotz ihres trostlosen Äußeren garantieren sowohl die

>> **Die begehrtesten Immobilien Finnlands sind die traditionellen, rot gestrichenen Einfamilienhäuser aus Holz mit eigenem Kartoffelbeet.**

Qualität der Innenausstattung der Wohnungen als auch ihre gute Lage für Pendler deren anhaltende Beliebtheit und hohe Preise. Die begehrtesten Immobilien Finnlands sind jedoch die traditionellen, rot gestrichenen Einfamilienhäuser aus Holz mit eigenem Kartoffelbeet. Die Menschen träumen von einem Haus ohne direkte Nachbarschaft, aber dennoch in der Nähe von Geschäften und Dienstleistungen, idealerweise mitten in Helsinki.

Design

Das finnische Design wird von der Natur inspiriert, gepaart mit einer guten Portion Funktionalismus. Handgefertigte Dinge werden hoch geschätzt. Die Finnen kaufen treu die

Produkte ihrer eigenen Designer – was dazu führt, dass das ganze Land einen finnischen Design-Einheitslook hat. Glücklicherweise kann man mit Kalevala-Schmuck, der Themen aus der finnischen Mythologie aufgreift, jede Kleidung aufwerten: Diese Halsketten und Ohrringe gelten sozusagen als patriotische Abzeichen und kommen daher nie aus der Mode.

Selbst die Wohnungen der Finnen sind durch das finnische Design ziemlich einheitlich. Sie schlafen in Bettwäsche von Finlayson, trocknen sich nach der Sauna mit den bunten Mohnblüten-Handtüchern von Marimekko ab und sitzen auf Stühlen, die von Aalto inspiriert sind. Das Herzstück auf ihrem Couchtisch ist die wellenförmige Aalto-Vase, die im Frühjahr mit holländischen Tulpen gefüllt und ansonsten einfach nur so aufgestellt wird. Die Küchenschränke sind voll mit Glaswaren von Iittala und Keramik von Pentik. Und natürlich wäre kein Zuhause vollständig ohne die legendären Mumin-Tassen.

> **» Nur wenige Menschen außer den Finnen selbst sind in der Lage, die Feinheiten von finnischen Kinofilmen zu erkennen.**

Kino

Finnische Kinofilme sind ein Genre für sich. Nur wenige Menschen außer den Finnen sind in der Lage, ihre Feinheiten zu erkennen. Obwohl Einflüsse aus anderen Ländern, wie z.B. Frankreich, zu erkennen sind, ist es die finnische Atmosphäre und der Charakter der Menschen, die diesen Filmen eine unverwechselbare Note verleihen. Häufig die von Wodka.

Der erste finnische Spielfilm aus dem Jahr 1907, „Die Schwarzbrenner", handelte von zwei Männern, die im Wald heimlich Alkohol brauten. Es hat sich seitdem nicht viel getan. Der vielleicht bemerkenswerteste finnische Filmregisseur, Aki Kaurismäki, ist besonders geschickt darin, die finnischen Eigenschaften darzustellen. Seine Geschichten handeln von schweigsamen, befremdlichen und unscheinbaren Gestalten an düsteren Orten, die über lange Strecken unbeweglich vor sich hin starren. Die gelegentlichen trocken-geistreichen Bemerkungen der Schauspieler und die schlichte Darstellung durchdringen das wiederkäuende Schweigen. Alles in allem eine perfekte Zusammenfassung des finnischen Vorstadtlebens.

Politik

In Finnland spielt eine Vielzahl von politischen Parteien „Reise nach Jerusalem" und wechselt sich als Teil einer Koalitionsregierung ab. In welcher Kombination, macht dabei keinen großen Unterschied. Alle Parteien vertreten mehr oder weniger dieselben Ansichten, um ihre Chancen auf möglichst viele Stimmen von einer ebenso denkenden Nation nicht zu gefährden.

》》In Finnland spielt eine Vielzahl von politischen Parteien „Reise nach Jerusalem" und wechselt sich als Teil einer Koalitionsregierung ab.

Dennoch gibt es im Parlament endloses Gezänk. Man muss sich dabei kein wüstes Durcheinander vorstellen. Es ist eher eine Art von kommunikativer Verweigerung, bei der eine Rede nach der anderen vorgelesen wird, bis die Abgeordneten abstimmen, um es endlich hinter sich zu bringen.

Finnland hatte nie wirklich schillernde Politiker, die in der Boulevardpresse für pikante Dramen gesorgt hätten. Es gab Versuche, die langweilige politische Szene durch die Wahl von Prominenten wie einer ehemaligen Miss Finnland, einem Singer-Songwriter, ein paar Skifahrern oder einem Haufen von TV-Moderatoren zu beleben.

》Finnland hatte nie wirklich schillernde Politiker, die in der Boulevardpresse für pikante Dramen gesorgt hätten.

Der durch und durch finnische Umgang der Politiker mit den Medien überwiegt jedoch nach wie vor, wie man diesem Gespräch entnehmen kann:

Ein finnischer Diplomat verließ gerade ein EU-Treffen in Brüssel, als ihn eine Gruppe von Journalisten einkreiste. „Wie lief das Meeting?" fragte einer der Reporter.

– „Kein Kommentar."

– „Gar keiner?"

– „Keiner. Aber bitte zitieren Sie mich nicht."

Business

Finnlands Geschichte ist voller Siege über Widrigkeiten: zuerst über das Klima, dann über die Nachbarn und in jüngerer Zeit über die internationalen Märkte. Finnische Unternehmen und Produkte sind inzwischen auf der ganzen Welt zu finden und es ist unmöglich, nicht mit ihnen in Kontakt zu

》》 Finnische Unternehmen und Produkte sind inzwischen auf der ganzen Welt zu finden.

kommen. Man amüsiert sich vielleicht mit einer Angry-Birds-App oder schützt den Computer durch die Antiviren- und Sicherheitssoftware von F-Secure gegen Cyberkriminelle. Fahrstühle und Rolltreppen von KONE transportieren uns auf und ab. Auch verwendet mit Sicherheit fast jeder täglich finnische Papierprodukte – sei es, um die Einkäufe umweltfreundlicher zu transportieren oder um sich den Allerwertesten abzuwischen. Vielleicht reist man mit Finnair auf der kürzeren und schnelleren Nordroute von Europa nach Fernost oder macht Urlaub auf einem der größten Kreuzfahrtschiffe der Welt, das in finnischen Werften gebaut wurde. Selbst die traditionelleren Bereiche des Lebens sind betroffen: Werkzeuge von Fiskars sind heute in Gärten häufiger anzutreffen als Zwerge.

Arbeitsplatz und Arbeitslosigkeit

Die offiziellen Arbeitsämter und lokale Initiativen für Arbeitslose sorgen dafür, dass die Arbeitssuchenden umfassend betreut werden. Den Arbeitslosen entstehen keine Kosten für die Weiterbildung wie z.B. durch Kurse im Blockhausbau oder für den Kundendienst auf Norwegisch. Auch für die Bewerbung um einen Arbeitsplatz müssen sie kein Geld aufwenden (z.B. können sie Bewerbungen ausdrucken und kostenlos telefonieren). Angesichts der Tatsache, dass sie sich auf preiswerte Weise prima die Zeit vertreiben können, indem sie die Vorteile billiger Mittagessen im Kantinenstil, vergünstigter Preise für Schwimmbad und Kino, die Möglichkeit zum Weben von Teppichen und die Teilnahme an kostenlosen Trainingskursen von Pilates bis Zumba nutzen, gibt es nicht viel Anreiz, tatsächlich Arbeit zu finden.

>> **Wenn in Finnland etwas nicht schnell genug geht, schlägt der Top-Manager mit der Faust auf den Tisch und schreit: Perkele.**

Management by perkele

Um die finnische Art des Managements zu beschreiben, haben die Schweden den Begriff „Perkele-Management" geprägt. Anstatt gemeinsam über alle möglichen Alternativen zu grübeln und jeden Mitarbeiter vom Reinigungspersonal bis zum Geschäftsführer zu Wort kommen zu lassen, wie das die Schweden tun, handeln die Finnen schnell und verlieren keine Zeit beim Entscheidungsprozess. Wenn etwas nicht schnell genug geht, schlägt der Top-Manager mit der Faust auf den Tisch und schreit: *Perkele!* Falls nötig, mehrmals.

Dieses Verhalten ist nicht zu verwechseln mit einer völligen Geringschätzung von Konsensentscheidungen. Die Finnen kennen die exakten Grenzen ihrer Verantwortung sehr genau und erwarten daher, dass alle Entscheidungen in ihrem Zuständigkeitsbereich auch ausschließlich von ihnen selbst ge

>> **Selbst eine unschuldige Nachfrage des Managers wird als Mangel an Vertrauen interpretiert.**

troffen werden. Folglich ist es auch nicht nötig, andere nach ihrer Meinung zu fragen. Also hat auch ein Manager die Person in Ruhe ihren Job machen zu lassen, der er eine Aufgabe übertragen hat. Jede Einmischung wird als Kritik empfunden. Selbst eine unschuldige Nachfrage wird als Mangel an Vertrauen interpretiert und dem Manager wird wahrscheinlich bald gesagt: „Da du ja offensichtlich so genau weißt, wie man den Job macht, mach ihn doch einfach selbst."

Business-Etikette: Tipps für Nicht-Finnen

1. Wenn ein Meeting für eine Stunde angesetzt ist, dauert es auch eine Stunde. Keine Minute länger. Also weicht man besser nicht von der Tagesordnung ab. Meetings dienen der Bekanntgabe von Informationen und sind keine Gesprächsplattform.

2. Man sollte nicht zu nah an den Finnen stehen oder sitzen. Sie brauchen viel Ellbogenfreiheit.

3. Geselliges Gerede vor einer Verhandlung ist unnötig. Komm rasch auf das Wesentliche. Und unterbrich die Finnen nicht beim Reden. (Nicht vergessen: Das hier ist Bowling, kein Ping-Pong.)

4. Untertreibe deinen Standpunkt, statt ihn zu übertreiben. Die Finnen sind ergebnisorientierte Menschen. Es sind die nachfolgenden Handlungen, nach denen die Finnen dich beurteilen. Taten sind das, was zählt, nicht Worte.

5. Man sollte damit rechnen, dass die Finnen Unternehmensrichtlinien befolgen, wie Lemminge, die von einer Klippe springen. Es werden keine Ausnahmen von den Regeln zugelassen und auch nicht erwartet.

6. Gegenseitige Vereinbarungen müssen eingehalten werden und man kann sich auf sie verlassen.

Anmerkung: Jede spekulative Überlegung, die man anstellt, könnte von der Gegenseite bereits als Verpflichtung angesehen werden.

7. Die Einladung auf einen Drink und einen Saunabesuch sollte man nicht ablehnen. Die Finnen zeigen so ihre Wertschätzung nach einer erfolgreichen geschäftlichen Verhandlung.

8. Dein Ansehen steigt, wenn du dich für die finnischen Sportarten interessierst. Falls nötig reicht es auch, einfach nur so zu tun als ob.

9. Versuche nicht, Meetings in die Sommermonate zu legen. Die Finnen machen dann Urlaub.

Sprache

Es heißt, dass Finnisch die Sprache des Himmels ist. Nicht etwa, weil die mit Vokalen erfüllten Wörter göttlich klingen, wenn sie von der Harfe begleitet werden, sondern weil sie so schwer zu erlernen ist, dass man eine Ewigkeit braucht, um sie zu beherrschen.

Gerüchte über 15 Fälle des Substantivs auf Finnisch entsprechen der Wahrheit. Man hängt die Endung, die einer Präposition entspricht, an Substantive und Adjektive an, z.B.: *talo* – Haus; *talossa* – in dem/in einem Haus, wobei das *ssa* gleichbedeutend ist mit „in". Es ist allerdings nicht immer so einfach.

》》Gerüchte über 15 Fälle des Substantivs auf Finnisch entsprechen der Wahrheit.

Denn wie so oft, wenn man versucht, Plastikteile zusammenzukleben, erhält man ein zähflüssiges Durcheinander an der Verbindungsstelle. Daher heißt es, anders als man vielleicht erwarten würde, nicht etwa *Helsinkissä,* wenn man „in Helsinki" sagen möchte, sondern der Wortstamm schmilzt ein kleines Stück und ergibt *Helsingissä.*

Finnen lieben es, zwei oder mehr Wörter zusammenzusetzen wie die Deutschen auch. Für englische Muttersprachler aber sind zusammengesetzte Wörter eine echte Herausforderung. Wenn man meint, es sei schon mühsam, jemandem zu erklären, dass man beim *Euroopan tilintarkastustuomioistuin* (Europäischen Rechnungshof) arbeitet, sollte man erst einmal versuchen zu sagen, dass man ein *lentokonesuihkuturbiinimoottoriapumekaanikkoaliupseerioppilas* (Auszubildender zum technischen Offizier für Flugzeugtriebwerke) bei der finnischen Luftwaffe ist. Selbst der Name einer Person kann zu einer Falle für Uneingeweihte werden. Ein Sportler war in der ausländischen Presse einfach nur als „M15" bekannt (M für seinen Vornamen und die 15 stand für die Anzahl der Buchstaben in seinem Nachnamen).

Die Finnen haben Ausdrücke, die sonst niemand hat oder von denen sich sonst niemand vorstellen kann, dass man sie braucht. *Hanki* zum Beispiel ist eine dicke Schneeschicht, die zum späten Winter hin eine eisige Kruste auf der Oberfläche bildet, welche die Nachsauna-Rolle so angenehm rau auf der Haut macht; *peura* bezeichnet ein wildes Rentier im Gegensatz zu *poro*, der domestizierten Art; *löyly* bezeichnet den glühenden, herrlichen Saunanebel. Und während in den meisten Sprachen die „schrägen" Himmelsrichtungen aus den Hauptrichtungen zusammengesetzt sind, wie z.B. Nordost oder Südwest, haben die Finnen beschlossen, acht zusammenhanglose Wörter zu verwenden. Das Wort für Südwesten, *lounas,* lässt sich weder vom Wort für Westen, *länsi,* noch vom Wort für Süden, *etelä,* ableiten.

>> **Die Finnen haben Ausdrücke, die sonst niemand hat oder von denen sich sonst niemand vorstellen kann, dass man sie braucht.**

Auf Finnisch können sehr komplizierte Wortkonstruktionen entstehen, sodass man beispielsweise sagen könnte: Der im-Café-sitzende, Brötchen-essende Mann sprach mit der die-Zeitung-gelesen-habenden Frau. Gnädigerweise verwendet man solche Wortbildungen nicht allzu häufig in der gesprochenen Sprache.

Das Schwedisch in Finnland unterscheidet sich vom Schweden-Schwedisch in der gleichen Weise wie amerikanisches Englisch von britischem Englisch. Und der finnisch-schwedische Westküstendialekt aus der Gegend von Närpes ist dem Altnordischen näher als alle anderen auf dem übrigen skandinavischen Festland.

Schwedisch ist die zweite Amtssprache Finnlands, und das strenge Sprachengesetz hat das Land fest im Griff. Die staatlichen Verwaltungen sind verpflichtet, in beiden Sprachen zu arbeiten und es ist obligatorisch, dass Finnischsprachige Schwedisch lernen und umgekehrt. Auch die Straßennamen müssen in zweisprachigen Gebieten in beiden Sprachen angegeben sein, das obere Schild jeweils in der Sprache der Bevölkerungsmehrheit. Als die finnischsprachige Gemeinde Sammatti im Jahr 2009 mit der angrenzenden zweisprachigen Stadt Lohja/Lojo zusammengelegt wurde, sah das Gesetz vor, dass die Stadt nicht nur neue Schilder unter den finnischen Straßennamen anbringen, sondern zunächst tatsächlich schwedische Namen für sie erfinden musste.

》 Lange Wörter sorgen im Finnischen dafür, dass mehr Zeit bleibt, darüber nachzudenken, was man eigentlich sagen will.

Die finnische Sprache passt haargenau zur finnischen Mentalität:

➢ Das Prinzip der Gleichberechtigung spiegelt sich im Nichtvorhandensein der Geschlechterbezeichnungen wider: *hän* bezeichnet sowohl „ihn" als auch „sie".

➢ Lange Wörter sorgen dafür, dass mehr Zeit bleibt, darüber nachzudenken, was man eigentlich sagen will, während man es sagt.

➢ Die Aussprache ermöglicht es, das Gesicht ruhig zu halten, da man den Mund kaum bewegen muss.

Die Autorin

Die ehemalige Berufsberaterin, Englischlehrerin, Jugendleiterin und Konferenzmoderatorin **Tarja Moles** arbeitet heute als freiberufliche Autorin und Forscherin.

Geboren in Savonlinna (Nyslott auf Schwedisch), Ostfinnland, wurde sie nach einem Treffen mit einem englischen Zahnarzt im Café des British Museum in das Vereinigte Königreich gelockt. Sie warnte ihn, dass sie dafür bekannt sei, Zahnärzten in die Finger zu beißen. Er zuckte jedoch nur mit den Schultern, lächelte und kaufte ein Paar Schutzhandschuhe.

Sie ist eine typische Finnin, weil sie die Sauna liebt, das Eintauchen in gefrorene Seen vermisst und gegen alles allergisch ist. Aber sie glaubt, dass die Gene für Ausdauersportarten bei ihr eine Generation übersprungen haben müssen, denn mehr als einen gemütlichen Ausritt durch das Dartmoor hält sie nicht aus.

Dankbarkeit gebührt David Moles für seine britische Perspektive, Markku Jaakkola für seinen finnischen Blick sowie Eric Dickens und Jussi Bright für ihre wertvollen Beiträge.

Die Finnen ...

Was mir noch aufgefallen ist …

Die Finnen …

_____

_____

_____

_____

_____

_____

_____

_____

_____

_____

_____

_____

Poste ein Bild von diesen Seiten auf Instagram unter #fremdenversteher
#reiseknowhow oder auf Facebook/Reise Know-How oder schick uns
eine Mail an fremdenversteher@reise-know-how.de

Außerdem von Reise Know-How:

Außer den Fremdenverstehern gibt es von Reise Know-How viele Bücher rund ums Reisen und für die weite Welt.

Reiseführer

Mehr wissen, mehr sehen, mehr erleben: Die kompletten Reisehandbücher für fast alle touristisch interessanten Länder und Gebiete. Seit 35 Jahren Antworten auf alle praktischen Fragen von A bis Z, dazu Hintergründe, Geschichte und Geschichten.

CityTrip

Die handlichen, praktischen Stadtführer mit Faltplan und Web-App für den individuellen Kurztrip. Erhältlich für alle Metropolen und die schönsten Reiseziele, aber auch für viele kleinere Städte, die es noch zu entdecken gilt.

Kauderwelsch-Sprachführer

Die Kauderwelsch-Familie umfasst neben dem handlichen Sprachführer auch den dazu passenden AusspracheTrainer (mp3-Download oder Audio-CD). Kauderwelsch-Sprachführer bieten mehr als ein reines Phrasenbuch: Die knappe Einführung in die Grammatik, die Wort-für-Wort-Übersetzungen und das Wörterverzeichnis helfen, sich schnell in der neuen Sprache zu orientieren und sie bald selbst anzuwenden. Auch gut für Auffrischer.

KulturSchock

Die Bände in der Reihe KulturSchock sind so etwas wie die großen Brüder der Fremdenversteher. Sie stellen fundiert Hintergründe dar, erklären Verhaltensweisen und bieten Orientierungshilfe im Reisealltag. Insbesondere für alle empfohlen, die sich beruflich, als Reisende oder wegen familiärer Verbindungen länger in einem anderen Land aufhalten.

**... und vieles mehr auf
www.reise-know-how.de**

„Die Franzosen mögen es, wenn sich die Regierung in ihr Leben einmischt. [...] der Staat ist Frankreich (wie Kochen, Wein, Frauen, das Landleben, Paris, Kultur, Kinder, Freiheit-Gleichheit-Brüderlichkeit und ihr angeborenes Recht, auf dem Zebrastreifen zu parken)."

„Die meisten Nationen betrachten die Niederländer als organisiert und effizient – ähnlich den Deutschen, nur nicht so beeindruckend. [...] Die Bäume in der Landschaft sind in Linien gepflanzt und die schwarz-weißen Kühe sind in ordentlichen kleinen Gruppen arrangiert."

„Japaner sind von Haus aus gesellig – Individualität und Egoismus sind genauso willkommen wie ein Sumoringer, der sich am Büffet vordrängelt. [...] In Japan möchte sich jeder von allen anderen unterscheiden und zwar auf genau die gleiche Art."

„Die Engländer sind stolz auf ihren Sinn für *fair play* und nehmen an, dass dieser auch von allen anderen anerkannt und bewundert wird. [...] Wenn also ein Engländer sein Wort bricht, sollten die Ausländer gefälligst verstehen, dass es einen zwingenden Grund dafür gibt."

„Aus schwedischer Perspektive sind die Unterschiede zwischen den nordischen Ländern gravierend. Dänemark ist horizontal, Norwegen ist vertikal, Island schmilzt weg, Finnland ist ein Labyrinth und Schweden ist atemberaubend idyllisch."

„Es muss an einem unbewussten Masochismus liegen, dass die Italiener es aufrichtig genießen, wenn man ihre Fehler hervorhebt. [...] Allerdings wird keine Kritik je so ernst genommen, dass man sich etwa veranlasst sähe, Gegenmaßnahmen zu ergreifen."

In der Reihe „Die Fremdenversteher" sind bisher erhältlich:

So sind sie, die Amerikaner	ISBN 978-3-8317-2870-1
So sind sie, die Australier	ISBN 978-3-8317-2883-1
So sind sie, die Belgier	ISBN 978-3-8317-2884-8
So sind sie, die Engländer	ISBN 978-3-8317-2872-5
So sind sie, die Deutschen	ISBN 978-3-8317-2871-8
So sind sie, die Finnen	ISBN 978-3-8317-2885-5
So sind sie, die Franzosen	ISBN 978-3-8317-2873-2
So sind sie, die Isländer	ISBN 978-3-8317-2875-6
So sind sie, die Italiener	ISBN 978-3-8317-2876-3
So sind sie, die Japaner	ISBN 978-3-8317-2877-0
So sind sie, die Niederländer	ISBN 978-3-8317-2874-9
So sind sie, die Österreicher	ISBN 978-3-8317-2878-7
So sind sie, die Polen	ISBN 978-3-8317-2879-4
So sind sie, die Schweden	ISBN 978-3-8317-2880-0
So sind sie, die Schweizer	ISBN 978-3-8317-2882-4
So sind sie, die Spanier	ISBN 978-3-8317-2881-7

Alle Titel haben 108 Seiten und kosten 8,90 € (in Deutschland). Außerdem sind alle Titel auch als E-Book verfügbar, jeweils in den Formaten epub und mobi (für Amazon kindle).